平凡社新書
1060

シニアひとり旅

ロシアから東欧・南欧へ

下川裕治
SHIMOKAWA YŪJI

HEIBONSHA

シニアひとり旅　ロシアから東欧・南欧へ●目次

はしがき

二〇二二年の六月、僕は一本の列車に乗った。ラオスのヴィエンチャンからルアンパバーンに向かう列車だった。

前年の二〇二一年十二月、ヴィエンチャンから中国国境手前のボーテンまでの列車が開通した。ラオス中国鉄道である。距離は四百二十二・四キロメートルになる。

二〇二一年——。まだ新型コロナウイルスの嵐が吹き荒れていた。二〇一九年の暮れ、中国の武漢《ウーハン》からはじまった感染は、瞬《またた》く間に世界に広がっていった。翌年になると、多くの国が感染を防ぐために入国制限をはじめた。海外への旅は封印されはじめた。それは旅をして本にまとめていくことを生業《なりわい》にしていた僕にも襲いかかる。旅が難しくなってしまったのだ。

とくにラオスの入国制限は厳しかった。一般の観光客はもちろん、仕事レベルの渡航も禁止された。わずかに政府関係者など、限られた人たちだけがラオスに入国することはできた。ラオスはほぼ鎖国に近い制限に舵を切ったのだ。

海がない内陸国だから港もない。いくつかの国際空港はあったが、アジア全域で飛行機の運航は制限されていた。周辺国との陸路は険しい山道が多い。鎖国に近い状況にするのはそう難しいことではなかった。

いや、それ以前に、ラオスはアジアのなかでは影が薄い存在だった。僕自身、拙著のなかでラオスのことを「タイの奥座敷」などと書いたこともあった。ラオスが鎖国に近い政策をとったところで、アジアの経済に大きな影響を与えることはなかった。

日本人の多くが、ラオスがそれほど厳しい入国制限に踏み切っていることを知らなかった。タイやシンガポールの入国制限は気になっても、ラオスの状況を調べる人はわずかだった。

そのなかでラオス中国鉄道が開通した。ニュースは日本にも届き、列車旅が好きな人たちは急いでラオスの入国制限を調べることになる。そこで天を仰ぐことになる。列車の運行ははじまっているのかもしれないが、ラオスに入国することはほぼ不可能だった。

ラオスから届いた新線の開通ニュースは、ラオス好きや鉄道ファンの瞳に一瞬、火をつけたが、すぐに鎮火した。ラオス中国鉄道はラオスの山の彼方に消えていってしまったのだ。

ところがそれから五カ月後、ラオスは唐突に入国制限を緩和した。ワクチン接種証明があれば、入国が可能になった。ＰＣＲ検査の陰性証明も必要なく、入国後の隔離もなかった。

当時、僕は夜、パソコンに向かって、各国の入国制限をチェックすることが日課のようになっていた。これはなかなか大変な作業だった。あるサイトを開けば、たちどころに制限の内容がわかるという状況ではなかったのだ。

最も正確なものは、政府や在外日本大使館が掲載する内容だった。しかしその表現がわかりづらかった。各国政府が発表する制限内容を翻訳した文章が多い上に、外交文書特有のいいまわしがあった。PCR検査ひとつとっても、その検査法まで限定されていたが、それが日本の検査施設が行っているものかどうかがわからない。要するに不親切なのだ。間違って伝わると大きな問題になるという警戒心が文面ににじみ出、曖昧な表現に終始する書き方にも苛《いら》だった。そして制限の内容が猫の目のように変わっていくことにも戸惑った。

その状況を逆手にとったようなサイトも登場してくる。旅行会社や携帯電話のレンタル会社がつくったサイトだった。たしかにわかりやすかったが、精度の問題があった。毎日のように変わる状況を、民間の会社のスタッフが追いかけることはかなりの労力だった。なにしろ世界には二百カ国近い国があるのだ。網羅型のサイトをつくろうとすると、毎日、各国の発表に目を通さなくてはならない。その内容は頻繁に変わる。

僕はまず、民間の会社がつくったサイトを眺め、気になる国の状況は大使館情報をチェックするという方法をとった。

当時は国内の飲食店もアルコールの提供を制限されている時期だった。家でウィスキーを舐めるように飲みながらネットを開く夜がつづいていた。

多くの国が設けた制限は、ワクチン接種証明、PCR検査の陰性証明、隔離、そして現地で新型コロナウイルスに感染し、入院した場合の医療費を負担する保険の加入だった。

目に見えないウイルスの蔓延は僕のなかから旅を奪っていった。政治家は不要不急という言葉を盛んに使った。旅は不要不急の枠組みに入っていた。たしかに旅は不要不急だった。人は旅をしなくても死にはしない。しかし旅を書く作家に対しても不要不急なのだろうか。くすぶる反発は、なんとか海外への旅に出る……という思いに収斂していった。毎夜、パソコンに向かって各国の入国制限を調べたのもそのためだった。

アジアのなかでは、タイが制限緩和の先陣を切った。二〇二一年の二月、タイに向かった。ワクチン接種、PCR検査、そして保険という三点セットは必要だった。

この時期、PCR検査は一回四万円もした。さらに厳しい隔離が待っていた。

日本に流れる重い空気を背に成田国際空港から乗った飛行機は、三百人近い座席がある大型機だったが、乗客は四人だけだった。到着したスワンナプーム国際空港から、まるで連行されるように隔離用のホテルに連れていかれた。それから二週間、部屋から一歩も外に出ることができない日々が待っていた。

隔離が明け、一週間ほどバンコクに滞在し、日本に戻ったが、そこでも空港近くのホテルでの隔離が待っていた。これが旅？　隔離の日々をすごすためだけに行ったような旅だった。

その後もコロナ禍のなか、エジプトからエチオピア、そして世界一周と旅に出た。隔離のない国を選んでいったが、それでもワクチン接種証明やPCR検査の陰性証明を提示しなくてはいけない国は多かった。

しかしラオスは違った。イミグレーション（入国審査窓口）の脇にある検疫カウンターで提示したのはワクチン接種を受けた証明書だけだった。

首都のヴィエンチャン駅から乗った列車は中国そのものだった。郊外につくられた巨大な駅の構造は中国の鉄道駅を思い出させた。駅のなかの表示もラオス語、中国語につづいて英語という順で、文字の大きさも英語だけが小さい表示が多かった。

中国と同じように、待合室に入る前にX線を使ったセキュリティーチェックを受けた。ホームで待つ僕の前にやってきたのは中国の車両だった。いまの中国では需要が減ってきていた硬座（二等座席）車両をそのままラオスにもち込んでいた。

ラオス中国鉄道と呼ばれてはいるものの、建設資金の七割は中国が負担した。残りの三割はラオスだが、その多くは中国の金融機関からの融資だった。つまり中国丸抱えの鉄道だったのだ。総工費は六千七百億円ほどだったという。

ヴィエンチャンからルアンパバーンまで乗ったが、この工事は簡単なものではなかったとよくわかる。

ヴィエンチャンからしばらくは畑が広がる農村地帯を走っていたが、ヴァンヴィエンをすぎると急にトンネルが多くなった。そしてトンネルを抜けると、奇妙な岩山が連なる風景が車窓に広がる。そこをすぎると列車は深い谷に沿って斜面につくられた線路を減速して進んだ。奇妙な岩山がつづく一帯は、ラオスのなかでも景勝地のようで、乗客は窓際に立ってしきりとスマホのシャッターを押していた。

旅行者にとっては変化に富んだ車窓風景に目を輝かせるが、この鉄道をつくるにはかなりの労力が必要だったことがわかる。中国はラオスの北側に広がる雲南省でも鉄道をつくっていたから、その技術が使えたのかもしれないが、だからといって平地に線路を敷くのとはわけが違う。山がちなラオスに鉄道をつくるということは難工事を覚悟することでもあった。

しかし早かった。以前、僕はよくヴィエンチャンからバスに乗ってルアンパバーンに向かった。夜行バスが中心で、夜に出発したバスが朝に着くというパターンが多かった。ところが今回、ラオス中国鉄道に乗ってみると、二時間半で着いてしまった。中国が誇る新幹線型車両が走っているわけではない。旧式の硬座車両なのだ。トンネルが多いのもそのためだろう。ヴィエンチャンからルアンパバーンまで直線に近いルートを通っているのだ。道路は山や川を迂回するようにつくられている。だから片道八時間以上はかかってしまう。さまざまな意味で画期的な鉄道だった。

その背後には、中国の一帯一路政策があった。中国の物資をラオス、タイ、マレーシア、シンガポールなどに送る路線だった。そしてその先にある港から世界に向けて運び出す。その計画があったから、ラオスを縦断するラオス中国鉄道に膨大な資金を投入したのだ。

アナリストは「債務の罠」に陥る不安を口にした。ラオスの人口は七百四十万人ほどしかいない。この鉄道沿線にどれだけの人が住んでいるのだろう。はじめこそ、それなりの距離を走る鉄道としてはラオス初の路線に人気は集まるだろうが、将来、乗客が爆発的に増えるわけでもない。スリランカやアフリカの国々のように、ラオスが重い債務に苦しむ道筋がみえてくる。

しかし東南アジアの経済に詳しいアナリストはこんな分析もしていた。

「中国は列車の乗客など気にしていないと思います。ラオスは小国です。乗客数も知れている。中国が狙っているのは貨物。つまり物資の輸送。焦点を定めているのはタイやマレーシア、シンガポール。うまくいけば、タイのレムチャバンの港を使える。雲南省や四川省の工場で生産されたものを上海に運ぶより……という青写真を描いているのかもしれない。この鉄道はそこから収益をあげる。ラオスにはなにも期待していない可能性すらある。単なる通過する国ぐらいにしか考えていない節すらある。ラオスで採算をとろうとはしていないってこと。そうみたほうがいい気がする」

そういうことかもしれなかった。いまのアジア、いや世界に中国が入り込むと、妙に世知辛い話になる。ヴィエンチャンとルアンパバーンの間には貨物駅も含めて九駅があった。そのほとんどの駅に、長い貨物列車が停まっていた。すでに物資輸送が中心になっているのかもしれなかった。

しかし乗客の顔は輝いていた。それまでラオス国内の鉄道といえば、タイ国境のノンカーイからメコン川を越えてタナレーンまでの六・一五キロメートル分しかなかった。鉄道と呼ぶにはあまりに短い。初の本格鉄道なのだ。

そしてわずか二時間半でルアンパバーンまで着いてしまう。乗客は家族連れが多かった。そこには老人もかなりいた。歳をとると、夜行バスに揺られるのはつらい。飛行機もあるがやはり高い。ラオスの古都でもあるルアンパバーンへの旅を諦めていた人たちが、簡単に行くことができてしまうのだ。

そんな人のなかには、生まれてはじめて列車というものに乗る人も少なくないはずだ。嬉々として座り、はじめて見る風景に目を輝かせる。中国がつくったというと、その先にさまざまな思惑が広がってしまうが、それをいったんはずせば、夢のような列車旅なのだ。僕はその姿に健全なアジアを感じてもいた。久しぶりに心が軽くなる列車旅だった。

ヴィエンチャンからルアンパバーンまでの列車旅には、もうひとつの目的があった。いや下見のような意味もあった。

二〇二一年十二月、ラオス中国鉄道の開通に合わせて、もう一本の路線が開通した。中国側である。ラオス中国鉄道のラオス側の終点はボーテン。その駅と国境を挟んで反対側に磨憨《モーハン》駅が開業した。そこから玉渓《ユーシー》まで五〇七・四キロメートルの玉《ユー》磨《ムオ》線が開通したのだ。玉渓から雲南省の省都、昆明《クンミン》までの路線はすでに列車が走っていた。

つまりヴィエンチャンから昆明までの鉄道がつながったことになる。

これは画期的なことだった。東南アジアと中国が列車でつながったのだ。

インドシナ半島の最南端駅はシンガポールにある。そこからマレーシアを通りバンコクまで北上する。バンコクから中国まで列車で進もうとすると、ふたつのルートが浮上してくる。ひとつはバンコクからカンボジアに向かう。しかしカンボジアとベトナムの間に線路はない。バンコクから北上し、ノンカーイに向かう。すでに紹介したラオスのタナレーン駅まで行くことができるが、その先に鉄道はなかった。バンコクからミャンマー方面は鉄道がなく、ミャンマーの鉄道も中国に向かうことはできなかった。つまりどの方向に向かっても中国国境には辿り着くことはできない。

しかしヴィエンチャンからボーテン、磨憨から昆明までつながったことで、シンガポールから昆明まではつながったわけだ。昆明から先は中国国内の鉄道が走り、モンゴルやロシアに抜けることができる。

ヴィエンチャンから昆明まで鉄道が開通したとき、鉄道ファンの間では、こんな情報が流れた。

「世界最長列車が実現した」

ルートはシンガポールからバンコク、ラオスを通って中国へ。そこからモンゴルを経由するか、直接、シベリア鉄道に入る。そしてひたすら西に向かい、ヨーロッパロシア、東欧を経てポルトガルまで――。

　これが世界最長の列車である。ひとつの列車が延々と走るわけではなく、各国の列車を乗り継いで行くことになる。一部の国境では駅から駅へ歩いて向かうポイントもあるが、その距離は短く、大筋、列車の乗り換えの範疇に入ってくる。これが世界最長列車だった。

　世界最長という発想はなかったが、ヴィエンチャンから昆明まで鉄道がつながったとき、僕のなかにもさまざまなルートが浮かんでいた。中国国内の鉄道ではタクラマカン砂漠を一周できる鉄道の建設が進み、間もなく開通するという話もあった。昆明から成都《チエンドウ》に出、そこから西に向かうルートもとれた。

　アジアの鉄道路線は、中国からモンゴル、ロシアに広がる一帯、インドを中心にしたエリア、そして東南アジアという地域までのびていたが、ヴィエンチャンから中国までがつながったことで、その世界が一気に広がったような気になった。

　僕は自分の旅をおぼろげに描いていた。若い頃、長距離バスの旅を重ねていた。東西冷戦がまだ尾を引いている時期で、国境を越える旅は多くの制限を受けていた。

鉄道の整備はおざなりになり、少ない資本でも運行できるバスが人々の足になっていった。バックパッカー旅の基本は長距離バスといった風潮も生まれていた。しかし一九八九年のマルタ会談、そしてベルリンの壁崩壊といった流れのなかで東西冷戦は終結に向かっていく。

そのなかで僕の旅のエリアは広がっていった。ロシアや東欧といった、冷戦時代は行きにくかった国々へのハードルが一気にさがっていく。世界の航空業界では格安航空会社というLCCが登場してくるが、旧社会主義圏の旅は列車を軸にしていた。僕がシベリア鉄道に五回も乗ったのは、そんな環境があったからだと思う。

東南アジアと中国が列車でつながったとき、僕の脳裡には、当然、六回目のシベリア鉄道の旅も浮かんでいた。そしてヨーロッパに向かうルート……鉄道ファンが机上に描いた世界最長の鉄道の旅も選択肢のひとつになっていた。

しかしその旅がいつ、現実のものになるのか予測もつかなかった。ラオスは入国できたが、その先の中国は厳しいゼロコロナ政策をつづけていた。

ヴィエンチャンからルアンパバーンの旅もそうだったのだが、コロナ禍の旅はいつもひとりだった。

若い頃、僕の旅はいつもひとりだったが、旅を本にまとめるという仕事が中心になると、カメラマンが同行するようになった。

一緒に日本を出たのは、旅の因子をもったカメラマンだった。僕の旅は移動つづきだ。天気が回復すれば、絶景が撮れるとわかっていても、先に進むことが多かった。それが僕の旅だった。カメラマン泣かせの旅でもあった。その旅につきあい、カメラマンはその過程を切りとっていくようにシャッターを押すしかなかった。それが彼らの作品になっていくわけで、内心、不満はあったのかもしれない。それでも彼らは僕の旅につきあってくれた。

彼らはこと旅でいえば頼もしい存在だった。トイレに行くとき、荷物をみていてもらうといったレベルではない。旅というものは行く先々でさまざまな判断を強いられる。豪雨のなか、理由もわからずに停車してしまった列車のなかで、早く列車を諦めてバスにすべきなのか。出国できないといい張る審査官は暗に袖の下を要求しているのか。

そんなとき、カメラマンが相談相手になってくれた。彼らは僕より若いから、スマホの使い方もうまい。安い宿をすぐみつけてくれた。

しかし新型コロナウイルスはカメラマンの同行を許してはくれなかった。コロナ禍の旅は、旅行作家の意地のようなもので、出版のめどなどなかったからだ。旅は不要不急という風潮のなかで、ほとんどの日本人は旅に出たくても一歩も踏み出せない環境を強いられていた。そんな時期に旅の本など出版されるわけがなかった。本が売れないということ以前に、なぜ旅に出たのかという非難に晒《さら》されることを出版社は危惧した。

本が出版されないということは収入が生まれないということになる。カメラマンたちはフリーランスである。カメラマンに同行を依頼することは、彼らに自腹を強いてしまう。コロナ禍の旅はひとり旅に傾いていく。ひとりで旅のメモをノートに記し、カメラを抱えてシャッターを押した。

世界最長の列車に乗る旅は、ウイルスの感染が収束し、誰もが大手を振って旅に出ることが可能になってからの話だった。僕のなかでは、カメラマンが同行する旅を考えていた。

しかしコロナ禍が収束に向かい、多くの国が入国制限を撤廃していっても、日本人の腰は重かった。一度解雇したスタッフがなかなか戻らず、飛行機やホテルの予約をとることがコロナ禍前のようにはいかないという事情もあった。需給関係の不釣り合いは航空券代やホテルの料金を釣りあげてもいた。そこに円安が拍車をかけた。日本人の旅はなかなか戻ってこなかった。旅の本も出版しにくい状況に陥っていた。

僕のなかでは、「これが最後の長い旅になるかもしれない」という思いが頭をもたげはじめていた。

中国の武漢から新型コロナウイルスの感染がはじまったとき、僕は六十五歳だった。コロナ禍のなか、一年の大半を東京で暮らし、その状況に抗《あらが》うように年に一、二回、海外に出るうちに僕は歳を重ねていた。ラオスへの旅に出たときは六十八歳になっていた。

ファイザー？　モデルナ？　などとワクチン接種に振りまわされているうちに、

僕は確実に年老いていった。細胞は少しずつ力強さを失っていく。五十歳台の終わりに心房細動もみつかっていた。俗にいう不整脈である。血栓を防ぐワーファリンを飲みつづけなくてはならなくなった。その効きめをチェックするために、定期的に病院に通う日々になっていた。

旅をつづける気概が失われたわけではないが、ラオスのヴィエンチャンの宿を予約するときも、駅からの距離が気になる。「一キロも歩くのか……」と、駅に近い宿を探している自分がいた。いつになったら世界最長の旅に出、再びシベリア鉄道に乗る日々が戻ってくるのかという苛立ちは、自分の体力の衰えにも裏打ちされていた気がする。

ところが世界は思わぬ方向に暗転していく。ラオス中国鉄道に乗る四カ月ほど前、ロシアのウクライナ侵攻がはじまっていた。ウクライナ南部だけでなく、北部からもロシアはウクライナ領内に侵攻した。ロシアは当初、短時間で首都のキーウに迫り、戦局を優位に進める思惑だったようだが、ウクライナの激しい抵抗にあっていた。西側社会は反発し、制裁を加えはじめていた。G7の構成メンバーである日本も足並みをそろえていった。

ロシアへの経済制裁がはじまった。その動きは旅の世界にも影響を及ぼす。飛行機はロシア上空を飛ぶことができなくなり、日本とヨーロッパを結ぶ便は、中央アジアや中東の上空を迂回するルートになった。飛行距離がのびることは航空券代の上昇を招いていった。そして日本とロシアを結ぶ便は運航停止になった。

知人にロシアのサハリンの撮影をつづけているカメラマンがいた。コロナ禍も収束し、サハリンに向かおうと思っても飛行機がなかった。そこで彼はまず韓国に渡り、そこから船でウラジオストクに向かった。ウラジオストクにさえ入れば、あとはロシアの国内線でサハリンに向かうことができる。韓国からロシアへの飛行機はなかったが、船は運航していた。

飛行機を使うことは難しかったが、船や陸路のルートは消えてはいなかった。僕は世界最長の列車旅を考えていた。このルートは中国からロシアに列車で入る。この道は閉ざされてはいなかった。

行けるかもしれない……。

僕は何回も地図を眺めた。ラオス中国鉄道に乗って中国に入り、そこからロシア国境に向かう。

しかしその前に立ちはだかったのが中国のビザだった。コロナ禍前、日本人は十五日以内ならビザをとらずに渡航することができた。しかし新型コロナウイルスの感染拡大のなか、中国に渡るにはビザが必要になった。コロナ禍でビザを課した国は多かった。中国の措置も新型コロナウイルスへの対応だと思っていた。しかしコロナ禍が収束に向かい、中国が推し進めたゼロコロナ政策を解除した二〇二二年十二月以降も、ビザ政策の緩和の情報は流れてこなかった。

事態はむしろ逆行する方向に進みだしていた。中国は日本の大使館とは別にビザセンターを設置したのだ。中国は日本人に課すビザを、緩和ではなく、継続していく意思表示にも受けとれた。

その背後にあったのは、新型コロナウイルスではなかった。いや、武漢からはじまった感染は、中国への視線を厳しくし、それに反発するかのように政治問題に転化させていったと見る向きもある。中国の覇権主義は感染拡大を抑え込むために有効に機能したというシナリオは、ゼロコロナ政策の失敗で行き場をなくし、それを覆い隠すかのような政治的な優位性を求めていったという分析である。台湾問題、南沙諸島の領有権をめぐるトラブル、日本が直接かかわる尖閣列島の領有権……。

そのなかで中国とアメリカの関係は悪化していく。その波に日本も巻き込まれ、対立はより先鋭化していくことになる。多くの国が反ロシアの色合いを強める流れは、中立という立場をとりながらも、反ロシアの立場をとる国々と対立していくという中国の構図を鮮明にしていく。日本の原発処理水に対して、中国がとった反応はその象徴でもあった。その空気は、日本人に対するビザの発給にも波及した。ビザセンターの新設はそんな枠組みに落とし込められていた。

これまでも中国のビザには振りまわされてきた。十五日以内ならビザをとる必要がなくなる前、まだビザをとらなくてはいけない頃に、僕はテレビの仕事で中国に渡ったことがあった。そのとき、僕のパスポートに捺されたのがジャーナリストビザだった。

その後、旅行用のビザをとろうとすると詳細な旅行日程の提出を求められた。旅行会社を通し、上海と北京をまわる偽の書類をつくり、なんとかビザは受けとったが、そのビザで僕は中央アジアに抜けた。それが発覚したのか……。その後、ビザを申請すると、中国大使館はなんの説明もないまま、ビザのスタンプのないパスポートを戻してきた。旅行会社に訊くと、「大使が代わるまでビザはとれないと思う」という返事だった。

転機は二〇〇三年に中国が発表した入国緩和策だった。十五日以内ならビザをとる必要がなくなったのだ。僕の名前は入国審査のリストに載っているのかはわからなかった。二〇〇五年、中国の丹東のイミグレーションに恐る恐るパスポートを出した。入国スタンプは無事に捺された。五年ぶりの中国だった。こうして僕の中国の旅は再開された。

その緩和策はコロナ禍で消えた。日本人にとっての中国は、緩和策が導入された二〇〇三年以前に戻ってしまった。二十年も遡ってしまったのだ。

中国を何回も訪ねた知人のなかには、「近々、十五日以内はビザなし渡航が可能になる」という人もいた。二〇二三年の十一月、中国は新たなビザ緩和を発表した。

フランスやドイツなど六カ国がその対象になったが、そこに日本は含まれていなかった。

待ちきれない知人のなかには、ビザをとりにビザセンターに向かった人もいた。ビザをとるためには、滞在中のホテルをすべて予約しなくてはならない。自由な日程は組めなかった。そんな不自由さも覚悟してビザをとった知人から、こんな状況が伝えられてくる。

「二〇一八年以降につくったパスポートで申請するとき、古いパスポートが必要なんですよ。そこにトルコ、パキスタン、シリア、アフガニスタン、キルギス、タジキスタンといった国の入国スタンプがあると手間どるみたい……」

天を仰いだ。僕は昨年、新しいパスポートをつくった。そこには問題になりそうな国はどこもなかったが、古いパスポートには、トルコ、パキスタン、キルギス、タジキスタンの入国スタンプがある。一カ国ならまだしも、四カ国もあると……。ウイグル人の問題だった。僕は何回か新疆《しんきょう》ウイグル自治区を訪ねていた。ウイグル人たちがいかに厳しい状況に置かれているか、自著のなかで何回も書いていた。

調べられれば、ビザはさらに遠のいていく可能性すらある。

しかし中国という国は、抜け道をつくる国であることも知っている。はじめての中国への旅がそうだった。中国は日本人に対して団体旅行だけを許していた。そのなかで香港という狭いトンネルをつくった。世界のさまざまな国で華人として暮らす中国系の人たちは、団体旅行には馴染まない。そこで香港での申請に限り、個人旅行者にもビザを発給したのだ。中国系の人たちの国籍は世界に広がっている。国籍での制限もできなかった。

バックパッカーたちの臭覚はそこを嗅ぎつける。香港で申請すれば個人でもビザがとれた。そして中国を自由に旅することができた。僕もその流れに乗った。

四十年前のことだ。

その時代に戻ってしまったのか。

僕の旅は東西冷戦の緊張時代にはじまった。そしてその緊張が少しずつ緩んでいくなかで、訪ねる国を増やしていった。それが僕の旅だった。

あの時代に戻ったということらしい。再び、訪ねるエリアを少しずつ増やしていくということか。これが最後の旅だ……などとのんびりしたことをいってはいられないのかもしれない。そういう星のもとに生まれたということなのか。

また僕の旅がはじまる予感がある。

本書は、『シニアひとり旅　バックパッカーのすすめ　アジア編』、『シニアひとり旅　インド、ネパールからシルクロードへ』に続く、「シニアひとり旅」シリーズの三冊目になる。本書で綴られるロシアを中心としたヨーロッパは、コロナ禍やつづく戦禍がはじまる二〇一九年以前の旅である。

前作までは、最後に、シニア世代に向けた最新の旅のノウハウを書いてきたが、今回は明記せず、代わりにコロナ禍のギリシャの旅を記した。

出版にあたり、平凡社新書編集部の和田康成氏のお世話になった。

二〇二四年五月

下川裕治

第1章 シベリアロシア

――憧れのシベリア鉄道

あるシニアが抱いたシベリア鉄道への想い

シベリア鉄道――。その響きに少し酔ったように語りはじめた人がいた。

「仕事を辞めて引退したら、乗ってみたいんです。シベリア鉄道。世界でいちばん長い列車でしょ。六泊七日。一週間、のんびり列車に乗り続けてみたいんです」

僕と同じ六十歳台の男性だった。退職後の旅を、あれやこれやと考えているようだった。

なぜ彼は、僕にシベリア鉄道の話をしたかといえば、僕はこれまで、この鉄道に五回も乗っていたからだった。乗るたびに、「もう、これが最後」と、自分や周囲にも伝えているのだが、なぜか一年、二年がたつと、またあのベッドで眠っている自分がいるのだ。まあ、その話は追ってお話しするとして、シベリア鉄道に憧れるシニアの話である。仮にHさんとしよう。

Hさんは若い頃から旅が好きだった。学生時代は、日本国内を各駅停車に乗って歩いたこともある。中堅の菓子メーカーに就職し、経理畑を歩いた。

日本の若者の間でバックパッカーの旅が流行ったときは、二十歳台の後半だった。学生時代だったらきっとザックを背負ってアジアを歩いたような気がするが、仕事に追われる日々のなかではどこか絵空ごとだった。退職してからの旅を考えたとき、バックパッカー旅を思いだした。本も買って読んでみた。バックパッカー旅とは、すべて自分で手続きをする旅だということがわかった。バスターミナルで切符を買い、インドの混みあう列車に揺られる旅だ。学生時代の列車旅を、海外で……というスタイルだと思った。

結婚をし、何回か海外に出かけた。台湾への社員旅行もあった。家族でバリ島にも滞在している。カタコトの英語を話すことはできるが、はたしてひとりでそんな旅ができるのか。不安が募ってくる。そんな面倒なことまでして、バックパッカー旅をしなくてもいい気もする。もう少し、のんびりと旅をしたい。退職してからの旅は、どこか自分へのご褒美のようにも思っていた。そこで、せかせか駅を歩きまわる旅は気が進まない。年をとったということか。ひとり苦笑した。

そんなとき、テレビでクルーズ旅の番組を観た。シニアの間で人気が高まりつつあるのだという。これはいいかもしれないとHさんは思った。船に乗ってしまえば、煩わしい旅の手配をせずにすむ。甲板のデッキチェアに体を横たえ、海を眺めながらビールでも飲む。絵に描いたようなのんびりとした旅が手に入る。ネットでいくつかのクルーズを検索し、その内容を見ているうちに、「これは違うな」と呟《つぶや》いていた。

豪華すぎるのだ。高級そうなレストランに座る自分の姿を思い描くことができなかった。もしかしたら、ドレスコードがあるのかもしれなかった。そこでワインを注文し、よくわからない銘柄を指さす。肩が凝りそうだった。居酒屋でネクタイを緩め、ホッピーの白を頼んでいたほうがしっくりとくるタイプだった。

クルーズのホームページを見ながら、Hさんは、自分が考えていた退職後の旅は、ひとり旅だったことにいまさらながら気づいた。別に夫婦仲が悪いわけではないが、一週間以上、妻と一緒に旅をする自信はなかった。長くても二泊三日……。ということは、あのクルーズ船の高級レストランにひとりで座ることになる。そんな客はいないような気がした。クルーズもある種のパッケージツアーだった。その世界は、夫が退職した後の夫婦をターゲットにしているように映る。

クルーズは料金も高かった。三ヵ月を超える世界一周クルーズになると、三百九十万円などという金額が出ていた。それが最低価格だという。日本の船を利用するクルーズは、一ヵ月を超えると軽く百万円以上はかかってしまう。夫婦で参加するとなると、その倍。世界一周となると八百万円を超える。そんな余裕はどこにもなかった。

考えてみれば、パッケージツアーというものは、シニアのひとり旅組を想定していないように映った。となると、ひとりで飛行機や宿を手配し、旅をつくっていかなくてはならない。それも面倒に思えてくると、出口がみつからなくなってしまう。

シニアのひとり旅というものは、これでけっこう難しいもののように思えてくる。

シベリア鉄道の話を耳にしたのはそんなときだった。

シベリア鉄道は、ウラジオストクとモスクワを結ぶ列車だった。走る距離は九千二百五十九キロメートルである。調べると、日本に近いウラジオストク駅で切符を買うことができるようだった。たしかにそこまでは自分でやらなくてはならない。

しかし切符を手にしてしまえば、そこから六泊七日、ただ車窓風景をのんびりと眺めていればよかった。七日間、ただ列車に乗り続ける。働いていた頃、そんな時間はなかった。なにもしない七日間という時間は贅沢に映った。そんな旅ならしっくりとくる。調べるとクーペと呼ばれる二等寝台が四万円弱だった。クルーズに比べると、断然安かった。これなら無理はない。Hさんのシニアひとり旅は、シベリア鉄道に傾いていった。

東西冷戦が終わろうとしていた時代に

シベリア鉄道は、世界で最も長い距離を走る列車といわれている。

世界の長距離列車を調べてみると、いちばん長い列車として、ウラジオストクとウクライナのキーウを結ぶ列車が出ている。以前、この列車運行を確認すると運休中だった。長い列車として、北朝鮮の平壌《ピョンヤン》からモスクワに向かう列車もみつかった。

北朝鮮の旅を手配する旅行会社に訊いてみると、

「平壌から北京までの列車は手配できるんですが、平壌からモスクワまでは難しいです」

という返事だった。毎日運行し、誰でも切符を買うことができる列車というなかでは、シベリア鉄道は世界最長の列車といっていいように思う。

この列車には、これまで五回乗っている。旅を自慢しても誰も聞いてはくれない……と常々周囲には話しているが、シベリア鉄道に五回乗ったという日本人旅行者は、そう多くはないだろうと思う。

一回乗ると、一週間はただぼんやりするわけで、五回の乗車日数を合算すると日数は一カ月を超えてしまう。僕はこれまで、それほど密度の濃い人生を送ってきたとは思わないが、それでも一カ月間、なにもしないということはなかった気がする。妙ないい方になるが、シベリア鉄道は、「こんなにも無為な時間をすごすことができるんだ」という自信をつけさせてくれる列車でもある。

五回乗ったといっても、その路線は同じというわけではない。狭い意味でのシベリア鉄道をウラジオストクからモスクワまでとするなら、そこを走破したのは一回だけである。あと二回は、北京からモンゴルを通ってモスクワまで。サハリンの対岸にあるソヴィエツカヤ・ガヴァニから中国国境までも乗った。そしてもう一回は、モンゴルとロシアの国境のナウシキ駅からモスクワまでだ。どのルートも一週間は乗っている。

はじめて乗ったのは、一九八八年の十一月だった。三十年以上も前の話である。そのときは、『12万円で世界を歩く』（朝日新聞社）というビンボー旅行の企画でシベリア鉄道に乗ったのだが、ロシアや東欧は大きな変革を迎えた時期でもあった。ニュースを通して、その経緯は見聞きしていたが、僕のなかではまだ遠い国のできごとだった。

一九八五年、旧ソ連でゴルバチョフが書記長に就任する。彼が打ちだしたものがペレストロイカとグラスノスチだった。前者は改革、後者は情報公開と訳されている。

このペレストロイカが本格的にはじまったのが、一九八八年だった。その流れは東欧へも波及する。ポーランドやハンガリーでは、非共産党系の勢力が政権を握り、一九八九年にはベルリンの壁が崩壊する。その年には、ゴルバチョフとアメリカのブッシュ大統領がテーブルを囲むマルタ会談が開かれた。東西冷戦は終結していくことになる。そして一九九一年、旧ソ連は崩壊していく。いってみれば、旧ソ連や東欧が大きく変わる直前に、シベリア鉄道に乗ったことになる。風前の灯火のようになった東側体制のなかを旅したわけだ。

世界を二分した東西冷戦は、旅の世界にも影響を及ぼしていた。たとえばキューバのハバナの空港で、飛行機の目的地を眺める。モスクワやワルシャワといったなかに平壌をみつける。キューバは東側に属していたから、同じ東側の北朝鮮行きの飛行機が就航していたのだ。しかし西側に属していた日本にいると、平壌行きの飛行機など目にすることはない。タイやアメリカに行っても、そこから北朝鮮に向かう飛行機はみつからない。世界は裏と表に分かれているようでもあった。日本人にしたら、東側世界は裏に映ったが、東側社会からみれば西側世界が裏だった。

はじめてシベリア鉄道に乗ったとき、手にしていた切符は、北京発ベルリン行きというものだった。北京発モスクワ行きと、モスクワ発ベルリン行きというふたつの列車を乗り継ぐ切符だった。旧ソ連、ポーランドを経て東ドイツの東ベルリンに向かうわけだが、どこも東側社会に属していたから、こんな切符をつくることができたのだ。

しかしモスクワを発った列車のなかで、ひとつの噂が流れた。それは、この列車は、西ドイツ側の西ベルリンに着くというものだった。旧ソ連人の車掌に訊いてみた。

「西？　東？　なにをいってるんだい。この列車はベルリン着だよ」

列車に乗り合わせたモンゴル人にも訊いてみた。彼はベルリンの大学に通う留学生だった。彼は僕の質問に、不審げな表情をつくった。

「この列車はベルリンに着くんだよ」

そういうことだった。車内に流れた噂は、列車に乗っていた西側の人々の願いだったのかもしれない。列車が着いたのは、西側世界から見た東ベルリンだったのだが、東側ではベルリンだった。東側の世界にはベルリンしかなかったのだ。

僕は到着した東ベルリンで困惑することになる。どこから西ベルリンに抜けたらいいのかわからなかったのだ。道行く人に訊いても教えてくれなかった。全員が知っていたが、東ベルリンでは、西ベルリンへの行き方を知らないことになっていた。そっと教えてくれたのは、路上で店を広げる花屋のおばさんだった。言葉ではなく、指先でひとつのドアを示してくれた。

「あのドアの向こうが西ベルリン？」

半信半疑でドアを開けると、そこにイミグレーションがあった。西ベルリンは東ドイツに囲まれた構造だった。西ベルリンを走る電車の駅のうち、フリードリヒ駅だけが東ベルリンに入り込んでいた。そこにイミグレーションがあった。

電車に乗った。眼下に鉄条網に囲まれたベルリンの壁が見えた。この壁も翌年には壊され、一九九〇年には東西ドイツは統一されることになる。

日本で見聞きする旧ソ連の情報の多くはモスクワからのものだった。シベリア鉄道の旅で、旧ソ連の現実を目のあたりにすることになる。

北京を発車した列車には、その職業が判然としない中国人がかなり乗り込んでいた。彼らの荷物は多かった。その理由がわかるのは、列車がモンゴルをすぎ、シベリアに入ってからだった。踏みかためられた雪に覆われたホームに、電線に止まったツバメのように、男や女が並んで立っていた。彼らは中国からやってきた列車を出迎えるためにホームに集まってきたわけではなかった。中国人がもち込んだ荷物が狙いだった。なめるような視線を、列車の乗客に向けてきた。中国人が売るのは食糧が多かった。米、パン、インスタントラーメン、缶詰め……。彼らの足許には、靴下やセーター、古びたラジオ、レコードなどが置かれていた。満足なルーブルがない彼らは、それらの物で代金を補おうとしていた。シベリアの駅のホームは、蚤の市のようだった。彼らは、少しでも売れそうなものを家からホームにもち込んできていた。

マフラーとスカーフを巻き、もこもこと着込んだおばさんが、ホームにバケツを置いて立っていた。

「ワンルーブル、ワンルーブル」

と乗客に向かって声をかける。バケツには中身が冷めないように布がかぶせてあった。近づくと、おばさんが布をとった。なかに入っていたのは、ピロシキという揚げパンやペリメニという水餃子だった。

十一月のシベリア。気温はマイナス十度にもなる。そのなかで一ルーブルを渡し、揚げパンを受けとる。それをはふはふと頬ばるのだが、なかに入っているのはジャガイモだけだった。別の駅でペリメニも食べたが、具はやはりジャガイモだけだった。

あの頃のシベリアは疲弊していた。不安な明日がシベリア寒気団のように広大な土地を包んでいた。ゴルバチョフが、低迷する経済を回復させるために打ちだしたペレストロイカは、計画経済や統制経済といったシステムを手離し、個人営業を許可していくというものだった。社会主義経済に自由主義経済をとり込んでいくという発想だった。旧ソ連のペレストロイカと中国の四つの近代化（農業・工業・国防・科学技術）は、そんな枠組みのなかでとらえられている。社会主義経済の行き詰まりのなかで導かれたものだった。

しかし、脆弱ながらも、その方向転換についていくことができたのは、旧ソ連では、ウラル山脈の西側、モスクワやサンクトペテルブルグを中心としたヨーロッパロシアといわれるエリアだけだった。

もともとなにもないシベリアはとり残されていった。国営の工場がつくられ、鉱山が国営化し、シベリアの人々の生活は安定していった。しかしそれらは、赤字体質の国家事業にすぎなかった。ペレストロイカという改革の風が吹くなかで、多くの工場や鉱山は閉鎖に晒され、次々に操業を停止していった。シベリアの人々の暮らしは、一気に暗転してしまうのだ。

ゴルバチョフは、ペレストロイカやグラスノスチと同時に反アルコールキャンペーンを行っている。ロシア人の酒の飲み方は、日本人から見ると、「そこまで飲むか」と絶句するようなところがある。アルコール度数が四十度を超えるウォッカを、二本、三本と飲み干してしまうのだ。酒が飲めなくなった時代のロシア小咄《こばなし》に、こんなものがある。

——酒が飲めなくなり、ロシアでは離婚が急増した。はじめて素面《しらふ》で奥さんを見たからだった。

結婚する前から、ずっと酔っていたという話である。これは小咄だから、かなりの尾ひれがついているが、常に酔っているロシア人は少なくなかった。

シベリア鉄道のホームで、中国から届く物資をなめるように見ていた暗い瞳は、国営企業が閉鎖されていく不安や貧しさではなく、単に酒が切れたものだったのか……と思えてくる。

しかし、ゴルバチョフを継いだエリツィンの時代に切ない数字を示すことになる。エリツィンは、旧ソ連を解体し、新生ロシアの初代大統領になっている。一九九一年から一九九九年まで任期を務めている。彼がアルコール依存に陥っていたことは、多くの人が認めている。

ゴルバチョフ時代の反アルコールキャンペーンにからんだ法律は、撤廃されていった。ロシアの男たちの手に、再びウォッカが戻ってきたのだが、一九九二年から二〇〇一年の間に、二百五十万人から三百万人のロシアの男たちが死亡している。その多くが、ウォッカの飲みすぎだといわれている。九年という短い間に、これだけの人が死亡したのは、戦争や飢餓、伝染病以外にないと国連は報告している。ペレストロイカは、男たちが酒に浸るしかないほどの不安を煽ったのか。あるいはロシアの男たちが無類の酒好きなのか。おそらくこのふたつの波が干渉し、ロシア人の平均寿命を大幅に縮める大きなうねりになったのだろう。

僕がはじめて目にしたシベリアの駅の光景は、ペレストロイカの舞台裏だった。西側社会の空気は、穏やかだった。東側社会が西側に歩み寄ってくるような印象をもった人も多かった。ゴルバチョフは、ロシア国内では批判されることも多かったが、西側社会からは好意的に受けとめられた。その裏で、シベリアには重い雲がたれこめていた。

九年後、僕は再び同じ列車に乗ることになる。NHKの衛星放送から、『12万円で世界を歩く』のときと同じルートを歩いてくれないかというオファーを受けたのだ。

はじめてシベリア鉄道を乗り抜き、モスクワに着いたとき、これが最初で最後という気はしていた。北京からモスクワに向かう列車は、ウラジオストクからモスクワに向かう列車より一日早くモスクワに着く。それでも五泊六日である。やはり長かった。またあの列車……と思うと、すぐには首を縦に振ることはできなかった。

しかし気になることがあった。シベリアだった。僕らが北京からベルリンまでの列車に乗った後、世界の枠組みは大きく変わった。旧ソ連は崩壊し、東西ドイツは統一された。東欧の国々は、投票で選ばれた政権が成立していた。その間にシベリアはどう変わったのか。見てみたかった。

シベリア鉄道も少しは知られるようになった。話題になったのは、旅よりも、金儲けの世界だった。はじめて乗ったとき、中国から食糧をシベリアまで運んで売りさばくかつぎ屋商売がはじまっていたが、それが年を追って増え、この列車はかつぎ屋列車として有名になっていった。中国やモンゴルから乗り込んだ商人が、列車の窓ごしにジーンズやセーター、電気製品を売りさばいていく姿は、テレビでも紹介されるようになった。かつては食糧だった物資が衣類や電気製品に変わっていったのは、シベリアも危機的な状況を脱した証《あかし》だった。自由化も少しずつ浸透していた。

かつぎ屋というと、経済格差につけ込んだ小商いというイメージがある。しかしその後、モンゴルのウランバートルで耳にした話では、いまのモンゴルで会社や工場を経営している人の多くは、かつてのかつぎ屋だった。モンゴルは一九九二年に、社会主義を放棄している。そのなかで利に聡《さと》い男や女が、かつぎ屋ビジネスに走ったようだった。

二回目に乗ったとき、すでにかつぎ屋ビジネスはピークをすぎたといわれた。関係する国々が制限を加えてきているという話もあった。それでも車内には、かなりのかつぎ屋がいた。多くは二段ベッドがふたつ入ったコンパートメントをひとりで独占していた。そこにできるかぎりの荷物を積み込み、それを途中駅で売りさばいていくのだ。ベッド四人分の切符を買っても、十分に元がとれる商売のようだった。

二回目にこの列車に乗ったのは一月だった。気温がマイナス二十度を下まわるような極寒の季節だった。僕はそのシベリアの駅のホームで、九年前と同じように立ち尽くす人々を見た。しかし、手にする物が違っていた。

以前、彼らが手に入れようとしていたのは、生きていくための食糧だった。彼らがその代金の足しにしようともち込んでいたのは、はたして売れるのか……と首を傾げてしまうような品々だった。見ようによってはガラクタである。ところが二回目のシベリア鉄道に乗って目にした人々が手にしていたのは、毛皮のコート、スカーフ、靴、セーターといった衣類や、化粧品、ラジカセ、カセットテープといったものだった。いったいこれを誰が買うのだろうか。冬ざれたホームを眺めながら悩んでしまった。

同行したカメラマンは、ロシアの事情を教えてくれた。

「あれ、シベリアのデパートなんですよ」

最悪の状態は脱したものの、シベリアに暮らす人々の生活は苦しかった。彼らは街でさまざまな物資を仕入れ、シベリア鉄道に乗る客に売るというロシア人同士のビジネスができあがっていたのだ。商売の相手は、中国人からロシア人にシフトしたようだった。

この旅を僕は、一冊の本にまとめることになっていた。そのためにカメラマンが同行していた。同時にテレビ番組にもなるから、そちら側のクルーもいる。テレビの撮影は、本や雑誌に比べると大がかりになる。カメラも肩に載せるほどになり、横にはマイクを操る音声担当がいる。どうしても目立ってしまう。僕らは何回となく、ホームに立つ警察官に注意された。どうもホームでの売買は、正式に許可されたものではないようだった。しかしシベリアの人々の暮らしは厳しい。ホーム上の商いをとり締まることはなかったが、それをテレビカメラが撮影するとなると話が違ってくるようだった。

そんなシベリア鉄道に乗りながら、僕は安堵もしていた。シベリアの人々は商売をはじめるまでの金を手にするようにはなっていたのだ。九年前、はじめて目にしたシベリアの人々は追い詰められていた。なかには、明日の食糧すらない人もいたのかもしれない。彼らは食べるものを確保することに必死だった。中国からの列車を眺める目は、どこか物乞いにも通じるものがあった。卑屈だった。瞳の奥に濁ったものがあった。

しかし二回目のシベリア鉄道のホームにいたシベリアの人々は、商売に必死だった。マイナス二十度を下まわる寒さのなかに立つ彼らからは、たくましささえ伝わってきた。もう大丈夫……とはとてもいえないのかもしれなかったが、少なくとも生きるエネルギーを感じた。

音のない冬のシベリアを走る

シベリア鉄道に二回も乗ってしまった。もう最後と思っていたが、旅の神様はなかなかこの列車との縁を切ってくれない。

旅をしては原稿を書く歳月は流れていった。ＬＣＣという安い運賃の航空会社が世界の空を飛ぶようになっていく。僕も頻繁に利用することになる。ＬＣＣを使って世界を一周し、それを本にまとめたこともあった。

鉄道の存在感は、年を追って薄れていった。長距離列車はＬＣＣとの運賃競争についていくことができなかった。ＬＣＣに比べれば、列車は遅くて高いわけで、もう選択の余地はなかった。

しかし本の出版という世界には、別の文脈が流れているようだった。急速にシェアを拡大していったＬＣＣブームがひと段落する頃から、僕は列車旅に戻っていくことになる。長い距離を移動する手段には、飛行機や船、列車やバス、ときに車があった。そのなかでいちばん好きな乗り物が列車だった。飛行機やバスは、狭い車内でじっとしていなくてはならなかった。その点、船には余裕があったが揺れるという欠点があった。僕はどちらかというと船酔い体質である。やはり僕は列車旅だった。そこに拍車をかけたのが、本が売れないという出版事情だった。鉄道の世界には、俗に〝鉄ちゃん〟などとも呼ばれるオタク系のファンがいた。そんな人々に下支えされ、鉄道に乗る旅の本はそこそこの売りあげを残していた。出版社を蛾にたとえると、売れる本は誘蛾灯だった。放たれる蠱惑《こわく》の光に吸い寄せられ、「鉄道に乗る旅」の企画が実現していく。

ユーラシア大陸を東西に、次いで南北に列車で走破することになる。ユーラシア大陸の東端駅はシベリアにあった。そこからポルトガルにある西端駅までの列車旅は過酷だった。この旅では、ソヴィエツカヤ・ガヴァニからウラジオストクまでシベリア鉄道に乗った。三回目のシベリア鉄道だった。その後、ユーラシア大陸を南北に縦断するという列車旅に出る。ユーラシア大陸の最南端駅はシンガポールにあった。最北端駅は、ロシアのサンクトペテルブルグから北に一日近く列車に揺られて到着するムルマンスクだった。シンガポールから、鉄道をなぞりながら北上していく。途中、線路がつながらない区間もあったが、なんとか中国まで辿り着けば、そこから先は鉄道でつなぐことができた。

中国からロシアへ……。またあの列車だった。四回目のシベリア鉄道だった。しかし北京発の列車の切符を買う段になって迷うことになる。中国各地から出発する国際列車の運賃が大幅に値あげされていた。一九八八年、はじめてシベリア鉄道に乗ったとき、北京からベルリンまで四万九千円だった。すでにその切符はなく、列車を乗り継ぐしかなかったが、その運賃をざっくりと合算すると五倍ぐらいの運賃になっていた。買ったのは北京からモンゴルのウランバートルまでの切符だった。値をあげたのは中国だったから、途中のモンゴルやロシアでその先を買っていけば安くなるような気がしたのだ。しかしウランバートルまでも二万六千六百六十円もした。

そこからロシア国境のスフバートルまで進み、陸路を通ってロシアに入った。ロシア領内の旅はナウシキ駅からはじまった。そこからシベリア鉄道でモスクワまで向かった。イルクーツク、エニセイ川に沿ったクラスノヤルスクに途中下車をしなからのシベリア鉄道の旅だった。

列車の旅はその後も続いた。各大陸の長距離列車に乗る旅だった。インドのアッサム州のディブラガルから最南端のカンニャクマリ、広州からラサをめざす列車、バンクーバーとトロントを結ぶ列車などだった。となると当然、世界でいちばん長い距離を走るシベリア鉄道をはずすことはできない。二〇一八年、五回目のシベリア鉄道旅になった。ここではじめて、ウラジオストクからモスクワまでを一気に乗ることになる。多くの人がシベリア鉄道と聞いて思い描くルートである。六泊七日の間、途中下車をすることもなく、ひたすら列車に揺られていた。

五回、シベリア鉄道に乗っているが、季節はソヴィエツカヤ・ガヴァニから中国国境まで乗ったとき以外は、すべて冬だった。切符が手に入りやすかったからだ。この鉄道を頼りにする人々は多かった。とくに移動する人が多くなる夏は、なかなか切符を確保することができなかったのだ。いまでこそ、シベリア鉄道は飛行機の勢いに押され、乗客が減りつつある。慌てて、ロシア風の弁当のサービスをはじめたが、どこか殿様商売のような趣があった。

当たり前だが、冬のシベリアは寒い。いちばん寒かったときで、マイナス二十度を下まわった。しかし車内はTシャツ一枚ですごせるほどに暖められている。寒いのは駅でホームに降りたときや、隣の車両に移動するときに連結器の部分を通るときぐらいだ。冬のシベリア鉄道旅でのマイナス要素といえば、日照時間が短いことだ。シベリア鉄道が走る区間は、北極圏というわけではないので、太陽が出ないことはない。朝の八時頃には明るくなり、午後の四時ぐらいまで車窓風景を眺めることはできる。しかしそれ以外は、暗く寒いシベリアを走り続ける。

そんな話を聞くと、なにが楽しいのかと思ってしまうかもしれないが、僕は不思議と退屈だと思ったことがない。だから五回も乗ることができたのだろうが、冬のシベリア鉄道には、そこはかとない魅力があると思う。

シベリア鉄道の風景は、東から西に進んだ場合、バイカル湖とウラル山脈で区切られる気がする。バイカル湖より東がディープなシベリア、バイカル湖からウラル山脈までがシベリアの中心、そしてウラル山脈を越えるとヨーロッパの香りが濃くなる。どのエリアが好き？　と訊かれれば、ディープなシベリアだと思う。

ここまで綴ってきたシベリア鉄道の旅――。そのシーンの多くは、駅のホームで繰り広げられてきた。駅での停車時間は、日本の列車に比べるとはるかに長いが、それとは比べものにならない長い時間、ただシベリアの平原を走り続ける。そこで目にする車窓風景は、やはりバイカル湖より東のディープシベリアがいい。

このエリアでは音がない。シベリア鉄道の車両は寒さを防ぐために三重になっている。外の音は車内に流れ込んではこないのだが、通路に立ち、冬のシベリアを眺めていると、外にも音がないことを確信する。貧相な裸木、雪、そして空。それだけなのだ。家もなければ、道もない。もちろん走る車もない。視界のなかに、動くものがなにもない。そのなかを列車は西へ、西へと進んでいく。

朝、明るくなっても、視界はよくない。全体を靄《もや》が包んでいる。空は鈍色で、太陽のあるあたりだけがうっすらと明るい。光の熱量は少ないが、それでも気温は少しずつあがっていく。昼になり、太陽の明るさが増していく。地表からわずかな上昇気流が生まれるのだと思う。しだいに靄が切れ、青空が見えはじめる。しかしそのときはもう夕方。太陽は西に傾いているのだ。なんとか青空が見えるところまで太陽は頑張るのだが、そこでこと切れたかのように地平線に沈んでいってしまう。

こんな風景をぼんやり眺めていると、シベリアが音もなく、体のなかに入り込んでくるような気になる。ウラジオストクから列車に乗ると、イルクーツクまで三日かかる。シベリア鉄道らしい区間だと思う。中学生の頃だったろうか。バイカル湖は深く、水が対流するため、冬でも凍らないと習った。しかし僕が見たバイカル湖は、いつもガチガチに凍っていた。列車は湖の南側を巻くようにして進んでいく。久しぶりにビルが建ち並ぶ風景を見ながら、列車はシベリアの中心エリアに向かっていることを教えられる。

イルクーツクを出た列車は、心もちスピードをあげるような気がする。すれ違う列車の本数も増えていく。シベリアの片田舎から、表舞台にあがり、心を入れ替えたような感じだ。

森が深くなっていくのもイルクーツクから西である。バイカル湖の東側は気温も低く、水も少ないのか、大木が育たないのかもしれない。

タイガ（針葉樹林帯）の森である。バイカル湖より東のエリアに、しんと静まりかえった針葉樹の森がないわけではない。しかしその密度は、イルクーツクからウラル山脈の間が圧倒的に高い気がする。シベリア鉄道に沿ってシラカバの林が続き、その奥に、黒々としたタイガが広がっていく。街に近づくと工場も多くなる。煙突から白い煙が勢いよくたちのぼり、凍りついた川は冬季には道になるようで、トラックが土手をがたぴしとのぼっているのが見える。かつては窓ガラスが割れ、放置されてしまった工場が目立ったが、しだいに活気が戻りつつある一帯でもある。途中の街の規模も大きい。クラスノヤルスク、ノヴォシビルスク、エカテリンブルグ……。シベリアを代表する街を列車はつないでいく。

やがて列車はウラル山脈に迷い込む。深い森の間をねばり強く走り続け、平原へと進んでいく。決して濃くはないが、淡い緑が目に入ってくるのもこの頃だ。ログハウスのように木を積んだ家が消え、オレンジ色や黄に塗られたカラフルな家々が多くなる。列車がモスクワに近づいていくことを、そんな風景が教えてくれるのだ。

大きく変わったロシアの旅のスタイル

無骨なロシアの機関車は、昔もいまも、それが与えられた使命であるかのようにシベリアの大地を走っている。しかしそれに乗る僕の旅のスタイルは、この三十年で大きく変わった。

かつてロシアの旅は、インツーリストというロシアの国営旅行社と、日本のロシア専門旅行会社の手のなかにあった。シベリア鉄道に乗るためには、まず、日本の旅行会社に出向き、その会社がロシア側のインツーリストに手配を依頼するところからはじまった。

社会主義系の国々は、西側社会の観光客の受け入れに、共通したポリシーがあった。それは、観光客と国民をできるかぎり近づけないというものだった。ロシアもそうだった。はじめは団体客だけを受け入れた。パッケージツアーである。これは日程が決められ、往復の航空券、宿泊ホテル、旅行中の食事などすべてを事前に支払うことで成立した。その手配を担ったのが、ロシア側のインツーリストと各国の旅行会社だった。当然、手数料をとることになる。

ロシアはそれを個人旅行にまで拡大したが、システムは温存された。つまり個人でも、日程を決め、航空券やホテル代などを旅行会社にすべて支払えば、ロシアに向かうことができた。

ロシア旅行にはビザが必要だった。個人旅行の場合、すべてを予約して支払い、それを受けた旅行会社がその証明であるバウチャーをつくる。それをパスポートと一緒に提出すると、ビザを受けとることができた。これらの手続きは、すべて日本の旅行会社が動いてくれた。

だからロシアの個人旅行はかなり高かった。それぞれの料金に、ロシアのインツーリスト、日本の旅行会社の手数料が加算されたからだ。

シベリア鉄道も同じだった。出発する前に本物の列車の切符が旅行会社から届いた。そこにはホテルのバウチャーも同封されていた。

三回目のシベリア鉄道まで、僕はこのシステムで旅をした。北京から乗った列車がモスクワの駅に着く。するとロシアのインツーリストのスタッフが、僕の名前の書かれた紙を掲げてホームに立っていた。多くが日本語を操る女性スタッフだった。彼女の後をくっつき、車でベルリン行きの列車乗り場まで移動した。自分で切符を買わなくていい上に、送迎もしてくれる。旅としてはこんなに楽なことはなかったが、その分、しっかりと料金をとられた。僕のように、基本的に個人で旅をするタイプは、かえって不安だった。

「もし、インツーリストのスタッフがいなかったら……」と思ってしまうのだ。しかしそんなことは一回もなかった。それなりにしっかりしていた。

三回目にシベリア鉄道に乗った後、サハリンに向かった。北方領土というナーバスな問題に気を遣ったいい方をすると、ロシアの実効支配が続いている島である。当然、ロシアの旅のシステムが適用される。

サハリンでも列車に乗った。サハリンの中心都市であるユジノサハリンスクから北のノグリキまで列車が走っていた。途中のティモフスクで乗り換えることになる。

列車は少し遅れていた。このままいけば、ティモフスク駅に着くのは午前三時頃になりそうだった。

「やっぱりホームでスタッフが待ってるんだろうな」

溜め息混じりに呟いた。乗り換える列車は午前五時二十四分発である。駅で二時間ほど待てばよかった。しかし事前に受けとった日程表には、ティモフスクのホテルに一泊することになっていた。

ロシアには、宿泊証明書という面倒なルールもあった。ホテルに泊まると、宿側がつくってくれる。出国時、その証明書の提出も必要だった。それが日数分そろわないといけない。そのためティモフスクに泊まらなくてはならなかった。

列車が駅に着いた。ホームを見た。やはりいた。優しそうなおじさんだった。車に乗せられ、五分ほど走った。宿のおばさんが宿泊証明書をつくるのに手間どり、ベッドに体を横たえたときは午前四時をまわっていた。送ってくれたおじさんは、午前四時半には迎えにくることになっていた。

「無駄だよなぁ」

天井を見あげながら、再び呟くことになる。宿泊証明書をつくるためだけに、このホテルに来たようなものだ。ホテル代もしっかりとられている。ロシアという国が決めたルールだからどうしようもないのだが……。

終点のノグリキには朝の八時二十分に着いた。もちろんホテルは決まっている。そこに出向くと、フロントの壁に宿泊代が書かれていた。千五百ルーブル。当時のレートで約三千七百五十円である。事前にもらった旅の費用の内訳を見てみた。その金額に、また溜め息をつくことになる。そのホテル代は一万八千円だった。五倍である。このホテルがぼっているわけではなかった。おそらくこのホテルは、ロシア側の旅行会社から千五百ルーブルを受けとっていた。ホテル側にしたら、なんの問題もない。しかし、ロシア側の旅行会社と日本の旅行会社がしっかりと手数料を加え、一万八千円になってしまうのだ。それぞれがどのくらいの手数料をとっているかはわからない。しかしこの世界に詳しい人に訊くと、日本の旅行会社がとる手数料の割合は決められているという。ということは、ロシア側だった。まあ、完全なぼったくりである。国営の旅行会社が手配をしているわけだから、国がらみの暴利のにおいすらした。

日本のなかでも、ロシアの旅は高いことは常識になっていた。資金に余裕のあるシニア層しかロシアには行かない……。そんな話を聞いたことがある。

しかしこの状況に風穴が開いた。二〇一〇年になってからのように思う。「ロシア ビザ」といったキーワードで検索すると、ひっそりと、トラベルロシアというサイトがみつかるようになってくる。その内容を見てみると、これまでのロシアの旅を覆すような画期的なものだったが、大々的に告知されず、気がつくとそのサイトが立ちあがっていたという控え目な登場だった。

そのあたりから、におってくるものがあった。

僕はこの種の裏技というか、違法ぎりぎりといった方法に、心情的に惹かれてしまうタイプである。すぐに飛びついてしまった。

トラベルロシアにアクセスすると、バウチャーの申請用紙が表示された。名前やパスポート番号など、一般的な情報を打ち込んでいくと、その先に、ロシアの旅の日程や訪ねる都市、泊まるホテルの書き込み欄が出てくる。そこに、ついニンマリとしてしまうカラクリが組み込まれていた。

四回目にシベリア鉄道に乗る旅は、モンゴルからロシアに入国することになる。

だいたいの日程がわかっていたので、試しに仮の日程を入れてみた。最初に泊まるのはイルクーツクの可能性があった。訪ねる街の欄をクリックすると、ずら〜っとロシアの都市名が表示された。そのなかから、イルクーツクを選んだ。そのときである。勝手にホテル名が表示されたのだ。

「おお——ッ」

思わず声をあげてしまった。その瞬間、このサイトのカラクリを理解することができた。調べると、そのホテルは、イルクーツクで最も有名なホテルだった。

空バウチャーだった。

旅行者の間で、そう呼ばれているバウチャーである。名前やパスポート番号などは本当のものを打ち込む。しかし旅の日程や訪ねる都市はまったくの嘘。架空のものだった。それでもバウチャーを発行してくれるサイトだったのだ。料金は千五百円ほど。それをクレジットカードを使って払うと、架空内容のバウチャーをつくり、それをメールに添付して送ってくれるシステムだった。

それがわかれば、もう、こっちのものである。すべてを嘘で固めればいい。こういうことは、僕の得意技だった。訪ねる都市は、モスクワとサンクトペテルブルグにした。そこに行くかどうかはわからなかったが、そんなことは関係なかった。嘘だからどこでもいいのだ。日程も、予定より十日ほど多めにした。

架空の内容で埋め、それをトラベルロシアへ送信した。数時間待っただろうか。PDFファイルが添付されたメールが届いた。ファイルはバウチャーだった。サンクトペテルブルグにある旅行会社名が記されていた。

心配はあった。この嘘で固めたバウチャーが、ロシア大使館で通用するかどうか……。東京の麻布台にあるロシア大使館への坂道をのぼりながら、不安は広がっていく。大使館のなかのオフィスで、ビザの申請用紙を埋める。バウチャーと日程や訪ねる都市などを合わせなくてはならない。嘘の上塗りを注意深く進める。そしてプリントしたバウチャー、ビザの申請用紙、パスポートをそっと出した。大使館の職員は、それぞれの書類を眺め、一枚の用紙をくれた。そこにはビザの受けとり日時が記されていた。

トラベルロシアのサイトを運営する旅行会社と大使館は、完全につながっていた。

ずぶずぶの関係なのかもしれない。大使館の職員は、バウチャーに記された会社名を見れば、それが空バウチャーであることは瞬時にわかるはずだ。しかし、そんなそぶりはなにひとつ見せず、淡々と業務をこなしていく。袖の下を受けとる役人と同じ顔をしていた。

こうして僕は正式なビザを受けとった。そしてモンゴルから陸路でロシアに入った。バウチャーにはなにも記されていない国境ポイントだった。バウチャーでは、モスクワとサンクトペテルブルグに行くことになっている。

ロシア国民は革命を起こし、王制を倒した。そしてペレストロイカという改革で自由主義の風をとり込んだ。ロシアをめざす旅人にとって、それは改革より革命だった。嘘で固めたバウチャーもその流れに沿っていたのかもしれないが、ビザを手に入れればこちらのものだった。僕はそのとき、ナウシキからイルクーツクまでの切符を自分で買った。それまで三回、シベリア鉄道に乗っていたが、駅で切符を買うのははじめてのことだった。窓口ではそこそこ英語も通じた。そしてシベリアの街では、自分でホテルを探し、チェックインをした。僕はロシア旅の自由を手に入れたのだ。

ロシアはなにを考えていたのだろうか。ロシア旅を完全に自由にしてもいいという意見もあったのかもしれない。しかしそこに踏み切れば、これまで旅を手配し、甘い汁を吸ってきた旅行会社が利権を失う。ロビー活動があったのだろうか。折衷的なシステムにしたのは、そのためとも考えることができた。

ロシアのビザをとるためにはバウチャーが必要という大筋を崩さず、空バウチャーを認めていく。利権をもつ会社には、しばらくしたら、また元に戻すから……などという二枚舌を使ったのだろうか。大々的に露出するのではなく、そっとネットの片隅に置くようなスタートも、なんだかにおうのである。その話は、この先でも触れることになるが、少なくともこの時期、僕は自由なロシア旅を手に入れた。

旅は大幅に安くなった。ロシア人と同じ料金でホテルに泊まり、シベリア鉄道の切符を買うことができるようになったのだ。これまで、定価の五倍にもなった積みあげ手数料が忽然《こつぜん》と消えたのだから、それは当然のことだった。

そこにルーブルの暴落が拍車をかける。一ルーブルは一時、一・五円ぐらいになったこともあった。原因は原油価格の急落と、西側社会の経済制裁だった。ウクライナのクリミア半島などを強引にロシアに併合させたプーチン大統領の強硬策に対し、西側社会が経済的な圧力をかけたのだ。

しかしそれ以前から、ルーブルの急落は続いていた。ゴルバチョフはペレストロイカを進めたが、そこで露《あらわ》になったのは、ロシア経済の脆弱ぶりだった。財政は逼《ひっ》迫《ぱく》し、債務の支払い停止や資本の流出が続いた。ゴルバチョフの後を継いだエリツィン政権は、財政的にもたないのではないかといわれるほどだった。

はじめてシベリア鉄道に乗ったとき、一ルーブルは約二百十二・九円だった。その頃は社会主義体制だったから、経済力を反映した為替レートではなかったが、それがいま、一ルーブルは二円にもならない。ルーブルの価値は百分の一以下にまでさがってしまっている。

それはロシア人にしたら大変なことだった。手にしているルーブルの価値が、つるべ落としのようにさがっていくのだ。二〇一六年、四回目にシベリア鉄道に乗ったとき、途中下車をして街を歩くと、かなりの頻度で両替店をみつけた。旅行者はつい、この両替店に目がいってしまうものだが、そこは外国人旅行者向けではなかった。ロシア人は、少しでもルーブルが貯まると、それをアメリカドルやユーロに両替していた。ルーブルをもっていると、その価値が年を追って減っていってしまうのだ。ロシア人の自衛のための店だった。

ロシア人には申し訳ないが、その国の通貨の下落は、外国人旅行者にはありがたいことだった。僕のように海外に月に一、二回は出る生活を送っていると、すっかり旅行者目線で為替レートを見るようになってしまう。日本円が対ドルレートで一円でも高くなると、ついニンマリしてしまう。輸入業界が、一円あがるとどれほどの損失が出るといったニュースも頭に入ってこない。

実際、ルーブルの暴落で、ロシアの旅はずいぶん楽になった。一時間ほどバスに乗り、運賃を訊くと百ルーブル。日本円で約百七十円。これはいまの台湾やタイより安い。

ロシア内を自由に、気ままに動くことができるようになり、物価も安い。ロシアの旅は、一気にリーズナブルになった。

「これからはロシアじゃないか。若干の後ろめたさが残るが、ビザさえとってしまえば、国内移動はまったく自由。それに物価もうれしいほど安い」

シベリア鉄道に揺られながら、そんなことを考えるようになっていた。

欧米人の旅行者は、日本人以上に、そのあたりは敏感だった。モスクワやサンクトペテルブルグを中心にしたエリアは、ヨーロッパロシアと呼ばれる。人口も多く、欧米との人の行き来は、シベリアとアジアとの往来より桁違いに多い。

空バウチャーを黙認する背後には、欧米人旅行者の増加への期待がある気がする。ルーブルの急落は、ロシア経済の低迷を示している。そんなときは、外国人旅行者が落とす外貨になびくものだ。円の暴落はないが、そのあたりの構造は日本に似ている。ロシアの苦しい台所事情のおかげで、ロシアの旅が楽しくなる。旅行者はいつも勝手なものだ。

最新の列車事情と車内での快適な過ごし方

シベリア鉄道の旅は年を追って快適になってきている。新型の車両も導入されつつあると聞く。しかしとにかく長い。ウラジオストクからモスクワまで、一気に進んでも六泊七日である。その旅にはそれなりのノウハウがある。

〈車両クラス〉

ロシアの長距離列車は、三クラスに分かれている。すべてが寝台車だ。リュクスと呼ばれる一等、クーペが二等、ブラッカールトヌイが三等である。一等は個室でベッドが二床のコンパートメント、二等は二段ベッドがふたつの四床のコンパートメント、三等は開放型の寝台だ。二等と三等に乗ったことがあるが、三等は三段ベッドでかなり窮屈。七日間となるとややつらいだろう。列車によっては、三等がない編成もある。一等と二等は各コンパートメントに鍵がかかる。それについては後述することになる。一等にはシャワーがついていた。

シベリア鉄道の長丁場を考えれば、一等か二等だろうか。料金を考慮すると、二等がリーズナブルに思える。最近はネットでも予約ができるようになった。英語のサイトもある。しかしそこそこ面倒で、僕はいつも駅の窓口で買っている。

〈食糧計画〉

シベリア鉄道は、列車旅というより列車暮らしと考えたほうがいい。することはなにもない。食事をして、寝る。あとは車窓を眺めるか、本を読むか……。列車旅と考えると、食事は食堂車と思ってしまうが、シベリア鉄道の場合、あまり期待しないほうがいい。食堂車は連結されているのだが、これがかなり高い。乗客たちもほとんど利用しない。七日間も乗るから、気分転換のために一回ぐらい……といった感じだろうか。

食堂車のスタッフもあまりに少ない利用客に危機感を抱いているのか、ときどき、ピロシキなどをつくって車内に売りにくる。これはそれほど高くないが、味は街で買ったピロシキより落ちる。

食事は基本的に各自の車両でとることになる。追ってお話しするが、おいしい食材は、列車やホームの売店にはない。長く停車する駅で街に出、スーパーで買う方法がベスト。しかし、食事時間に合わせて停車するわけではない。最初のうちは要領がつかめず、なかなか駅の外に出ることができないかもしれない。そこで乗車する前、大ざっぱな食糧計画を立て、スーパーで買いだめしておいたほうがいい。

シベリア鉄道はしっかり暖房が効いているので、日もちのしないものは避ける。パン、ロシア風カップ麺、チーズ、ハム、果物、コーヒーといったところだろうか。最初の三日分ぐらいは乗る前に買っておいたほうがいい。車内ではあまり動かないので、それほど腹は減らないが。

僕の典型的なシベリア鉄道の一日の食事は、こんな感じだった。

朝　インスタントコーヒー、リンゴ一個

昼　サンドイッチ（パンにチーズやハムを挟んだもの）

夕　カップ麺、パン

こうして書いてみると切なくなってくるが、シベリア鉄道の旅はそれほどストイックではない。停車時間に駅から街に出ることができる。そこで手に入れた食材が加わってくると、食事はかなり豊かになっていく。その技を身につけていくことだ。シベリア鉄道は、乗車日数が多くなるほど食事は充実していくと思ったほうがいい。

〈街での食材調達〉

大きな街の駅では三十分近く停車する。その間に街のスーパーに駆け込み、食材調達をするのがシベリア鉄道の楽しみだ。しかし駅の出入口には、セキュリティーチェックがある。最初はその前で立ち止まってしまったのだが、同じコンパートメントのロシア人と一緒なら大丈夫だ。どんな技を使う？　そんなものはなかった。セキュリティーチェックを無視すればよかった。

これがロシアでもあった。ロシア人はかなり大胆にルールを破る。これがわかってくると、シベリア鉄道の旅は変わってくる。

セキュリティーチェックを無視して駅舎を出ても、咎《とが》められることはまずない。そこに同じコンパートメントのロシア人が一緒なら、かなり心強い。

そういう客を想定しているのかどうかはわからないが、駅前にはだいたいスーパーがある。ロシアのスーパーは惣菜コーナーが充実している。サラダ類、魚のフライ、ベーコンとジャガイモの炒め物、ローストビーフ、ハンバーグ……その種類は常に三、四十種が並んでいる。買い方も簡単で、指をさすだけ。値段は各トレーに書かれている。それで目安をつけて指さすと、プラスチック容器に入れてくれる。重さを量り、料金シールを貼ってくれる。一品は百ルーブル前後になることが多い。

約百七十円。惣菜は決して高くない。スーパーでは、パンやカップ麺も補充できる。果物の種類も多い。

これらを買い、再びセキュリティーチェックを無視して列車に戻ればいいわけだ。ホームの売店にも食材は並んでいる。が、菓子類がほとんど。たまにサンドイッチやピロシキなども置いてある。しかしその味はスーパーにはかなわない。それに値段も高い。

一日に一回、スーパーで食材が調達できると、シベリア鉄道の食事は一気に色を帯びてくる。

列車に乗り込んだら、まず時刻表をチェックする。車内の時刻表はロシア語だけだが、時刻を追っていくとだいたいわかる。そこで停車時間の長い駅をチェックしておく。そこがスーパーの買い出しチャンスである。

〈酒、煙草〉

シベリア鉄道は、食堂車を除いて全面禁酒である。駅のホームの売店でも酒類は売っていない。以前は自由だったが、四回目に乗ったときは禁酒になっていた。しかし酒飲みロシア人は、そんなことを守るわけがない。まず、ビールやウォッカを買って列車に乗り込んでくる。あるとき、途中駅から乗車したおじさんは、ウォッカを飲む小ぶりのグラスを四個持参していた。コンパートメントの四人でウォッカを酌《く》み交わすためである。鞄のなかには、ウォッカが三本も入っていた。

途中駅で街に出て入るスーパーにも、ウォッカやビールがずらりと並んでいる。店側も列車の乗客とわかると、なかが見えない黒いビニール袋に入れてくれる。酒飲みの国の心遣いである。

しかし車掌は、上司からそういわれているのか、一応、「酒は飲まないでください」と注意はする。しかし男たちにとっては馬耳東風。さすがに通路で堂々と飲むことはしないが、コンパートメントのなかでは……。一等や二等のコンパートメントのドアは鍵がある。そこをカチッと閉めてしまうと、もう、こちらのもの。いくら酒盛りをしても発覚はしない。一度、開放型の寝台である三等で、堂々とウォッカを飲んでいる男たちも見た。もうゆるゆるなのである。大酒飲みがごろごろといるロシアという国で、列車を禁酒にするのは無理があるような気もする。

車内は煙草も禁止だ。しかし煙草を喫うロシア人男性は多い。ロシアの鉄道はホームでの喫煙は許されているが、シベリア鉄道は停車駅が少なく、五時間ぐらいはノンストップで走る。と、なると……。

シベリア鉄道の車掌は、一車両にひとりがつく。彼らは車内やトイレの清掃をまめに行う。掃除機を手にした車掌が通路やコンパートメントを移動すると、それとは逆方向に歩いていく男が何人かいる。連結器のところで煙草を喫うのだ。車掌は酒類に比べ、煙草については注意する頻度は多い。だから通路やコンパートメントでは喫わない。しかし車掌の動きを察知し、彼らがいないことがわかると、さっと連結器に向かうというわけだ。連結器のあるところは煙草のにおいが残っていると思うが、車掌もそこまでは注意しない。まあ、煙草への規制もゆるゆるだと思っていい。

〈シャワー〉

シベリア鉄道は二等、三等にはシャワーがない。六泊七日の間に髪も洗えず、シャワーを浴びることもできない。シャワーがあるのは一等だけだ。僕はこれまで、二等か三等で旅をしてきたから、シャワーとは縁のない列車旅だった。

シベリア鉄道に憧れている人も、この話を聞くと、かなりの人が反応を鈍らせる。女性の場合は、ほぼ百パーセント、顔から表情が消える。

日本を含めた極東エリアや東南アジアは湿度が高い。入浴やシャワーは、一日の生活のなかにしっかりと組み込まれているが、中東からヨーロッパまでは、思った以上に乾燥している。汗をあまりかかないのだ。フランスでも、前日と同じ服を着ることは珍しいことではないし、シャワーを浴びない日はしばしばあるという。その感覚でいうと、シャワーのない六泊七日にそれほど抵抗感がない人が多い。僕はこれまで五回、シベリア鉄道に乗ってきたが、車内でシャワーを浴びたことは一回もない。途中、シャワーがあったら……と思ったことはあったが。車内が乾燥しているからかもしれない。

そもそも僕は長距離列車に乗るとき、シャワーを浴びることができるとは思っていない。インドの列車に四泊五日、カナダの列車にやはり四泊五日……。どれもシャワーなしの旅だった。そんな旅で鍛えられているからでしょ……という人はいるが、生まれつきシャワーや入浴というものへの意識が低いような気がしないではない。ときにこんな話をすると、隣に座っていた人が、そっと距離をとることが何回かあった。僕はそう見られているのだろうか。

しかし最近の若者は、豊かになってきたせいか、皆、清潔志向である。インドの若者は、汚いので川で沐浴などとてもできないとはっきりというらしい。

シベリア鉄道も、シャワーがないことを気にしはじめている。五回目に乗ったのはロシア号と名づけられた列車だったが、トイレに大型ウェットティッシュの装置がつけられていた。サイズはティッシュなどというものではなく、通常のタオルの二倍近くあった。もうバスタオル一歩手前である。そこにアルコールが染み込ませてある。しかしそのアルコール濃度が高く、試しに体を拭いてみたのだが、むせ返るほどだった。これで体を清潔に保つことができるということらしいのだが。ただし、髪の毛を洗うことはできない。近々、二等、三等にもシャワー室がついた新型車両が導入されるという話は耳にしているが。

〈電源〉

旧式車両は、一車両に二カ所ほどのコンセントしかないことが多かった。しかしシベリア鉄道の長距離を走る列車は、新型車両が投入されている。五回目に乗ったロシア号の二等寝台には、ひとつのコンパートメントにふたつのコンセントがついていた。四人でふたつだから、ときに足りなくなることもある。いまのロシアもスマホ時代である。同室になった青年は、シベリア鉄道に慣れているようで、六口タップを持参していた。

車内の電源を使うことに、中国ではかなり制限が加えられている。モバイルバッテリーの充電は注意される。二口、三口のタップも見逃してはくれない。しかしロシアは、そういう細かいことはいわない。なんでも大丈夫だと思っていい。

車内Ｗｉ－Ｆｉはない車両が多いので、日本でポケットＷｉ－Ｆｉをレンタルするか、ロシアの空港や街にある携帯電話店でシムカードを買って挿入することになる。中国のように通信に制限を加えていることはないので、つながれば、日本と同じような環境になる。シムカードも簡単で、別に登録するような手続きもなかった。

問題は電波そのものがあるか、どうかだ。とくにイルクーツクより東は、住む人も少なく、電波がまったくないエリアも多い。

スマホの日時設定を自動にしているとき、注意をしなくてはいけないのは、表示される時刻だ。シベリア鉄道のスケジュールはモスクワ時間に統一されている。しかし、ウラジオストクとモスクワの時差は七時間もある。街の暮らしとモスクワ時間は合わないのだ。ウラジオストクから西に向かうと、一日に一時間ぐらいの割合で時差が減っていくことになる。車内も駅も、モスクワ時間に統一されているので混乱する。ときにスマホの表示時刻が精度を欠くときもある。途中下車をするときは神経を使うことになる。

第2章　ヨーロッパロシア——特異な近代化と崩壊の爪あと

ウラル山脈を越えると世界は一変する

極東からシベリア鉄道で西に向かっていくと、ウラル山脈を境に、世界は変わる。地理的にも、ヨーロッパロシアと呼ばれる地域に入っていく。僕は五回、シベリア鉄道に乗っているが、そのうち四回は終点のモスクワまで乗った。四回、ウラル山脈を越えたわけだから、世界が変わる感覚は肌に刷り込まれている。

目に入るロシア正教の教会の規模が変わる。シベリア側にも立派な教会はあるが、ときおり、丸太小屋の上にタマネギ型のドームを載せただけのような教会もある。しかしヨーロッパロシアの教会は巨大で、丘ひとつがすべて教会になっているものもある。

モスクワに近づいていくと、通勤電車も停まる駅に列車は停車していく。ホームには電車を待つ人々が立っている。

シベリアの駅は静かで、通勤客の姿などない。ときにタイガの森を延々と走り続ける。その風景を見続けていると、自然と言葉を失っていくような感覚に陥る。しかしウラル山脈を越えると、急に現実に戻されていく。会社やメールのことが気になってくる。僕の場合は、原稿の締め切りだろうか。

一度、シベリア鉄道を乗り終え、その後、カナダの長距離列車に挑む計画を立てたことがあった。最近は本の売りあげが低調で、出版社から満足な取材費はもらえない。一度、海外に出ると、いくつかの目的地を一気にまわろうと思ってしまう。シベリア鉄道のなかでネットをつなぎ、カナダの鉄道のサイトを立ちあげた。カナダ人の明るい笑顔がモニターに映しだされた。それを見たとき、カナダの列車に乗ることが怖くなった。テンションがあがらないのだ。シベリア鉄道の車窓に広がる静寂に、エネルギーを吸いとられてしまったような気がした。結局、僕はカナダに渡ることなく、日本に帰国してしまった。

もし、ウラル山脈を越えたところで、カナダの鉄道のサイトを目にしたら、僕は大西洋を渡ったような気がする。車窓風景に誘発されるテンションというものがある。ウラル山脈とは、現実と非現実の境界のようにも思えてくるのだ。

シベリア鉄道に乗って到着するモスクワは大都会である。ビルが建ち並び、駅を出るとタクシーが次から次へとやってくる。道を歩くと白タクに声をかけられる。さらに地下鉄の切符売り場で、その買い方に悩む。気合いを入れないと置いていかれそうになる。

ロシアの総人口約一億四千万人のうち、約一億一千万人が、ウラル山脈の西側、つまりヨーロッパロシアに暮らしている。シベリア側との人口密度は約十倍の開きがある。その中心であるモスクワは、人口密度でも頂点にいるはずだ。シベリアからモスクワに入るということは、その差を体感することでもある。

しかし西欧や東欧から眺めるヨーロッパロシアは、また別の顔をもっている。ヨーロッパロシアの面積は、三百九十六万平方キロメートルほどで、ざっくりというとEU全域よりやや狭い広さなのだ。ヨーロッパ全域の約四十パーセントを占めているという。西側から見れば、ヨーロッパロシアは広大で、茫漠《ぼうばく》とした土地に映る。モスクワを訪ねる観光客の多くは、西欧や東欧からやってくる。彼らにしたら、ヨーロッパロシアは物価の安い田舎エリアなのだ。

モスクワという街は、訪ねる人がやってくる方向によって、ふたつの顔を見せているわけだ。

ウラジオストクとモスクワを結ぶロシア号などの超長距離列車が到着するのはヤロスラフスキー駅である。この駅はモスクワのなかでも主要な駅のひとつで、地下鉄にも接続している。しかし駅舎を出ると、右手に立派な石づくりの駅が見える。これがレニングラーツキー駅である。ロシア第二の都市であるサンクトペテルブルグは、以前、レニングラードと呼ばれていた。レニングラード行きの列車がここから発車していたため、駅前がレニングラーツキー駅になった。

このあたりから、西欧や東欧からやってきた旅行者は、

「ロシアだよね——」

と小バカにしたような笑いをつくる。

特異なロシア人の着想

モスクワには九つの主要駅がある。キエフ駅、ベラルーシ駅、カザン駅……。

どういうことかというと、モスクワの駅は、目的地の名前がつけられているのだ。

キエフ駅はキーウ方面への列車、ベラルーシ駅はベラルーシ方面への列車が発着するわけだ。東京でいえば、仮に大阪へ向かう列車が発着する駅を大阪駅と名づけるスタイルだ。鉄道路線がまだ少なかった時代なら、いまの東京駅を大阪駅と名づけてもよかったのかもしれない。

この命名法を思いついたロシア人は、その画期的な着想にご満悦だったのかもしれないが、やがて、いや、すぐに大きな欠点に気づいたはずだ。路線は先へ、先へとのびていくものである。以前、僕はモスクワのベラルーシ駅から列車に乗った。行き先はベラルーシの先のポーランドのワルシャワだった。そういうことが、あたり前のように起きてしまうのである。

列車網の発達も、この目的地駅名スタイルの足を引っ張ることになる。発着する列車の数が増えれば、ひとつの駅でまかなうことができなくなる。そうなると、駅名と目的地がずれてきてしまうわけだ。駅名を目的地にしたことで、かえって混乱を招いてしまったわけだ。

この着想は、モスクワやサンクトペテルブルグといった大都市しか通用しなかった。たとえば、ウラジオストクには駅がひとつしかない。モスクワ以外に、イルクーツク、ノヴォシビルスクなどさまざまな目的地への列車が発車する。そうなるとウラジオストク駅にするしかなくなる。結局、大都市と地方都市では、駅名のつけ方が違うということになってしまうわけだ。混乱する観光客は、

「ロシア人がやることだから……」

と溜め息をつくことになる。

西欧や東欧、とくに西欧の人々は、ロシア人をかなり見くだしている。僕のなかに、ロシア人への特別な思い入れや偏見はないが、ロシアに行くたびに、資料を読んだり、ロシア人と接していくと、「やっぱりロシア人だよな……」とつい呟いてしまうことはかなりある。

一度、ロシアの紅茶について調べたことがあった。紅茶はもともと中国でつくられたもので、ヨーロッパ各国の東インド会社がロンドンやパリにもち込んだ。はじめの頃、紅茶は嗜好品というより薬として扱われた。彼らにとって東洋は神秘的なエリアで、そのイメージも相乗効果を生んでいた。とにかく高価なもので、王室に

かかわる貴族しか口にできなかったという。

東インド会社をつくったのは、イギリス、オランダ、デンマーク、フランスなどの国だった。これらの国で流行っているものはなんでも手に入れたい――。ロシア帝国のコンプレックスが紅茶に走らせる。しかしその相手は、名うての商売人集団の東インド会社だった。値段を吊りあげられてしまうのだ。

そこでロシア人は、シベリア経由というルートに目をつける。シベリアの南には、当時、清に支配されていたモンゴルがあった。つまり、中国の福建省周辺の茶葉からつくられた紅茶をモンゴル経由でロシア国境まで運び、それを買いとり、シベリアを横断してサンクトペテルブルグに運ぼうとしたわけだ。福建省から、モンゴルとロシアの国境まで紅茶を運んだのが山西省の商人たちだった。

この山西商人がただ者ではなかった。山西省は、「清政府の財務部」ともいわれた。金融業では卓越した能力を発揮し、その中心だった平遥《ピンイヤウ》は東洋のウォール街ともいわれた。よくいえば商売に長《た》けた集団だったが、悪くいえば狡猾《こうかつ》だった。

山西商人との交易には、主にイルクーツクの商人があたった。ロシア側からは毛皮、中国側からは紅茶という貿易である。ロシアは陸路輸送だから、船で運ぶ東インド会社の紅茶より品質がいいとアピールし、西欧市場への売り込みを目論んだらしい。

しかし山西商人は、ロシア人に比べれば一枚も二枚も上手だった。山西商人はいつの間にかロシア語を身につけ、ロシア人同士の会話をしっかり理解した上で値段を交渉したという。

これでは商売の勝ち目はない。東インド会社と同様、高い紅茶を買わされてしまうのだ。だったらロシア人も中国語を覚えればいいような気がするのだが、彼らはそういうことが苦手なのか、ロシア人らしい方法に出る。福建省にわざわざ出向き、そこに自ら紅茶の工場を建てるのだ。頭を使い、効率よく稼ごうとはしないのだ。

この性格が、ロシアの政策にも通じてしまう気もするが、そこまで話を広げてしまうと、収拾がつかなくなるので、このへんにしておく。

しかし僕はそんなロシア人が嫌いではない。無骨で要領が悪いが、根はいい人々に思えるのだ。中国からの紅茶の輸送にしても、サンクトペテルブルグまで運ぶのに一年近くかかっている。河川が凍結する冬はもっと早かったというが、それ以外の時期は、何本もの川を、筏《いかだ》に載せて渡らなくてはならなかったという。

やっとサンクトペテルブルグに運ばれた紅茶は、ロシア皇帝ご用達の紅茶問屋に渡り、王室に納められた。そのなかのひとつが、有名なクスミティーである。渋みがないフレーバーティーだが、結局、ロシアから流出してしまう。ロシア革命が起き、紅茶職人のクスミチョフがフランスに亡命。パリの工場でつくられるようになる。この紅茶を飲んでみようと検索すると、日本では、高級フランス料理店のロブションで売られていた。

頑張るのだが、どこか不器用というか、鷹揚《おうよう》というか……。不運も重なるのだが、なかなかうまくいかないロシアなのだ。

モスクワのゴーリキー公園の近くに、しばらく滞在していたことがあった。地下鉄の最寄り駅はオクチャブリスカヤ駅だった。駅の入口で、いつも立ち止まってしまう自動販売機があった。それは「ＤｙＤｏ《ダイドー》」と書かれた日本の自動販売機だった。

日本は自動販売機王国だから、中古の日本製自動販売機を海外で見かけることがときどきある。しかしロシアのそれは、中古の自動販売機どころではなかった。なかに入っている缶入りの飲み物もすべて日本のものだった。新潟や小樽の歩道脇に置かれていた自動販売機のコンセントを抜いただけで船に積み込み、モスクワのオクチャブリスカヤ駅の出入口に置いた感覚なのだ。「ゆずれもん」、「世界一のバリスタ」、「ピーチネクター」、「アイスココア」……。並んでいる飲み物の缶には、日本語しか書かれていない。ロシア語は、百ルーブル、九十五ルーブルといった料金と、「冷たい」か「温かい」という表示だけなのだ。それ以外は完全に日本語の世界である。

台湾のように、日本を訪ねる人が多いところなら、日本の自動販売機をそのまま置いても……いや、台湾の人もそんなことはしないはずだ。並ぶ商品は日本語だけなのだ。ましてやここはモスクワである。日本を訪ねたことがある人や、日本語を読むことができる人はどれだけいるのだろうか。

ところがこの飲み物が、意外なほどよく売れる。自動販売機の向かいに立って見ているると、地下鉄の階段をあがってきた男性が、自動販売機の前で足を止め、料金を投入する。そこで並ぶ飲み物の前で少し悩む。おそらく日本語がわからないから、缶のパッケージなどから推測するのではないかと思う。そしてボタンを押す。出てきた飲み物をコートのポケットに入れ、足早に立ち去っていく。その場で飲む人はひとりもいない。だからなのかもしれないが、なんの表情も見せない。

当時のモスクワで、百ルーブルの飲み物は、決して安くはなかった。ピロシキという揚げパンが一個五十ルーブル前後という物価である。日本の物価に合わせると、二百円ぐらいだろうか。それだけの金を投入し、出てくるものがいまひとつはっきりしないわけだ。ガチャポンなどといわれるカプセルトイといったらいいすぎかもしれないが、それに近いものがあるような気がしないでもない。

初冬といった時期で、モスクワはかなり寒く、最低気温はマイナス五度ほどだった。そのなかで冷たい飲み物は、全商品の半分ぐらいあった。これも雑な話だとは思う。買い求めている飲み物をみると、全員が温かい飲み物を選んでいた。そこから、ただ温かい飲み物ならなんでも満足する……いくら無骨なロシア人といっても、そこまではいえない。僕は食べたことがないが、高級なロシア料理は繊細な味の世界だと思う。しかし彼らは、この自動販売機になんの不満も抱いていないようだった。

「DyDo《ダイドー》」が試験的に、この中古の自動販売機を、オクチャブリスカヤ駅に設置したのかもしれないと思った。そのときは、地下鉄に乗ってモスクワ市内を歩きまわっていた。一日に三、四カ所、同じ自動販売機をみつけた。そこそこ、いやかなり売れているのだ。

僕は天を仰いでしまうのだ。

モスクワから最北端のムルマンスク駅へ

モスクワを中心にしたヨーロッパロシアは、五回ほど訪ねている。そのうち三回は、モスクワから列車でポーランドに抜けている。

はじめてこのルートを通ったときは、旧ソ連時代で、ソ連とポーランドが接していた。しかしその後、ソ連は崩壊し、ロシアになった。ロシアとポーランドの間には、ベラルーシという国が誕生した。そういった区分けにこだわっているわけではないが、日本ではベラルーシを東欧に入れている。僕は以前、ベラルーシでビザのルールをめぐってトラブルに見舞われたことがあるが、その話は次章で紹介することにする。

モスクワからサンクトペテルブルグに向かい、そこから北極圏にあるムルマンスクをめざしたことがあった。そのときは、ユーラシア大陸の最南端駅から最北端駅まで列車に乗り続けるという旅だった。ムルマンスク駅がユーラシア大陸の最北端駅だった。

北極圏への旅は、ロシアのほか、カナダや北欧で可能だが、いちばん簡単なルートがこのムルマンスクである。カナダはホワイトホースという街から、千キロメートルを超える道を車で北上しなくてはならない。しかしムルマンスクは、サンクトペテルブルグから、ほぼ一日、列車に揺られれば着くことができる。

冬の寒さもそれほど厳しくない。カナダの北極圏の冬は、マイナス三十度を下まわる寒さに包まれるが、ムルマンスクは海流の影響で、一、二月の平均気温はマイナス十度前後におさまる。ムルマンスクの港は不凍港でもある。

そのためだろうか。ムルマンスクは北極圏最大の都市である。駅前の道を少し進むと、街の中心に出る。中層階のビルが並び、世界最北のマクドナルドもあった。北極圏とはいえ、寒く、荒涼としたツンドラ地帯、というイメージはどこにもない。

サンクトペテルブルグでムルマンスク行きの列車に乗るときから、肩透かしを食っていた。ホームにはスキー板を手にした家族連れが何組もいた。車内の一夜が明け、列車は雪に覆われた小さな駅に停車する。そこには車が何台も待っていて、列車から降りたスキー客が乗り込んでいく。このあたりは、北極圏なのだが、沿線にはスキーリゾートが広がっていたのだ。

北極圏では緯度があがるほど、ホテル代が高くなる傾向がある。ムルマンスクの宿も、モスクワやサンクトペテルブルグに比べると割高だった。

雪の積もった路上でスマホを出して安めのホテルを探していると、老夫婦と、その娘さんという三人に声をかけられた。安くていいホテルがあるという。場所を教えてもらって訪ねると、ホテルの看板が出ていない。訊くとそこはサウナだった。

泊まることもできるという。

なかはTシャツ一枚で大丈夫なほど暖かかった。二階がサウナで、三階が客室だった。部屋のなかには、大きなテーブルが用意されていた。

後になって知らされるのだが、この種のサウナは、部屋で食事をしながら、がんがんウォッカを飲み、ときおりサウナに入って一日をすごすという施設だった。日本の温泉ランドのような存在だろうか。大量のウォッカがロシアらしいところだった。

カスピ海方面へと南下する

ヨーロッパロシアは、その南部にもうひとつの顔をもっていた。チェチェン、ダゲスタンといったイスラム色の強いエリアである。旧ソ連の崩壊のなかで、チェチェンはロシア寄りのグループと独立をめざすグループに分裂。その後、独立派が建国を宣言するが、旧ソ連、その後のロシアも認めなかった。エリツィンは軍を派遣する。これが第一次チェチェン紛争である。その後、独立派は再び蜂起。後に大統領になるプーチン首相が軍をチェチェンに投入し、第二次チェチェン紛争が起きる。首都のグロズヌイは破壊され、紛争はどろ沼化していった。テロがしばしば起きるようになる。

以前、モスクワを発ってカスピ海に面したバクーに向かう列車は、チェチェンのグロズヌイを通っていた。しかしゲリラの攻撃を受け、乗客は通行料をゲリラに払って解放されるといったことまでおきていた。そこでバクー行きの列車は、アストラハンからダゲスタンのマハチカラを通ってバクーに向かうルートに変えられた。カスピ海の西側を南下していくことになる。

この列車にアストラハンから乗ったことがある。そのときはモスクワを経由せず、カザフスタンからアストラハンに入った。

カスピ海に面したアストラハンはいい街だった。カスピ海に生息するチョウザメの卵の塩漬け、つまりキャビアの産地として有名な街でもあった。

僕が訪ねた二〇一〇年、資源保護のため、カスピ海産のキャビアは取引禁止になっていた。しかしアストラハンのスーパーには、かなりの量のキャビアが並んでいた。値段もピンキリだった。ひと壜が一万円以上する高級キャビアもあったが、百円ほどのものもあった。僕が買ったのは、もちろん百円のほうだった。

ひと口食べてみる。しかしこれが安物なのかがよくわからない。いや偽物？　とにかくキャビアの世界がよくわからないから評価できないのだ。これもキャビアとしておこう……と自分にいい聞かせるしかなかった。

アストラハンからバクーに向かう列車は、アルテジアンという駅に停車した。と、そこで停まってしまった。僕が乗っている列車の前を走っていた貨物列車が爆破テロに遭ったことを知らされた。チェチェンのテロ組織の犯行のようだった。

列車は二時間ほどで発車した。途中駅からバスへの振り替え輸送になるようだったが、そこまでは進むらしい。これからどうなるのだろうか——。ぼんやりと車窓を眺めていると、小学校の高学年ほどの少年が線路脇に立っていた。そしてなにやら叫ぶと、手にした小石を列車に向けて投げてきたのだった。

石は小さく、列車の運行に影響を与えるほどでもない。叫び声も列車の軋《きし》みに消えそうになる。少年の顔は得意気だった。

ゲリラ兵遊び？

そんな気がした。この年代の男の子は、サッカーのメッシの動きを真似しながらひとりボールを蹴る。日本の野球少年なら、巨人の菅野智之投手のフォームを倣い、エースを気どるようなところがある。ロシアで列車に向かって石を投げる少年は、さしずめゲリラ兵……。列車はそんなエリアを走っていた。

振り替えバスでテロ現場を越え、その先で停車していた列車に乗った。その列車は本来、バクーからアストラハン方面に向かう列車で、テロのために先に進むことができなかったのだ。

しかしその先で、僕は引き返すことになる。列車はバクーの手前、アゼルバイジャンの国境手前までは行ったのだが、ロシアのイミグレーションは、出国することを許してくれなかったのだ。

あの旅から十年近くがたった。チェチェンからテロのニュースはあまり流れてこない。根が深い問題を抱えたエリアだから、そう簡単に和平はやってはこないだろう。ロシア側は強硬派のプーチンがまだ実権を握っている。列車に向かって石を投げていた少年は二十歳をすぎたはずだ。どんな人生を選ぼうとしているのだろうか。最近、耳にした話では、ロシアからアゼルバイジャンまでは、問題なく越境できるという。

第3章 東欧諸国

――頑なに歴史を守る

激動の時代を迎えた一九八〇年代

はじめての東欧はブレストだった。正確にいうと、ブレストの街ではなく、ブレスト駅である。

ブレストはベラルーシにある。ポーランドと国境を接する街だ。ベラルーシが誕生する前は旧ソ連領だった。その頃は、旧ソ連とポーランドの境界だった。モスクワからポーランドに向かう列車に乗ると、ブレストの駅で列車の台車をつけ換える。ロシアの線路幅は千五百二十四ミリメートル。広軌と呼ばれるものだ。ポーランド以西の線路幅は千四百三十五ミリメートルの標準軌だ。台車を換えないと走ることができない。

そのために、列車はブレストの駅に二時間ほど停車する。そしてポーランドのワルシャワに向けて発車する。その間には出入国審査がある。通貨の両替もしておきたい。ブレストの駅や発車してからの車内で、さまざまなやりとりがある。そこで僕は東欧を味わってきた。

東欧というエリアは曖昧である。時代によって、構成する国々の認識は違ってくる。いや、人によっても違うだろう。

僕にとっての東欧は、旧ソ連、その後のロシアとのかかわりのなかで固められていった気がする。東西冷戦時代のいい方でもある東側諸国が東欧というイメージだ。ポーランド、東ドイツ、チェコスロバキア、ハンガリー、ルーマニア、ブルガリアということになる。その後、統合や分裂があり、いまは別の国になっているところもあるが、エリアとしてはこの一帯が僕にとっての東欧である。

第二次世界大戦後、東側諸国は、旧ソ連の傀儡政権という枠組みのなかでスタートする。しかし一九八〇年代に入り、その構造は限界を迎える。先陣を切ったのはポーランドだった。全国規模のストライキが起きたとき、僕は二十代の半ばだった。その後、東側諸国の傀儡政権は次々に倒れていく。そして一九八〇年代の半ば、旧ソ連のゴルバチョフによってペレストロイカがはじまる。旧ソ連、東側諸国にとって、一九八〇年代は激動の時代だった。そのときに、僕のなかの東欧のイメージは刷り込まれていった。

旧ソ連からポーランドとの国境の街へ

はじめてモスクワからポーランドまで列車で抜けたのは、一九八八年の暮れだった。旧ソ連が崩壊する前である。ブレストは旧ソ連とポーランドの国境の街だった。旧ソ連の出入国審査は、厳しいというより威圧的だった。そのときはモンゴルから ソ連に入った。暗く寂しい駅に列車が停まると、通路を歩くブーツの音が車内に響いた。四人の税関係官がどやどやと僕らのコンパートメントに入ってきた。女性係官もいた。全員が兵士に似た制服姿だった。無言のまま鞄を開け、ブーツを履いたままシーツが敷かれたベッドにあがり、頭上の棚に置かれた荷物を点検した。脇には大型犬がせわしなく動きまわっている。そんな審査を経験していたから、やはり緊張する。

当時のロシアは入国時に手もちの外貨を申請した。出国時にそれが減っていればいいのだが、増えていたりすると問題になった。クレジットカードが普及していない時代だからできる外貨管理だった。ブレスト駅に停車する前、手もちのアメリカドルを何回も数えた。

入国時に比べると、出国審査は簡素だった。財布には四ルーブルが残った。当時のレートで八百五十円ほどだ。それをブレスト駅の両替店でポーランドのズロティかアメリカドルに両替しようとしたのだが、窓口の銀行員は頑《がん》として受けつけてくれなかった。

列車はほどなくして発車し、ポーランドに入った。同じ列車なのだが、国境を越えたとたん、張りつめていた糸が切れたような安堵が流れはじめる。いや、実際はそんなことはなかったのだと思う。僕がそう思いたいだけだった気もする。それが僕が抱いていた東欧のイメージだったからだ。

しかしその意識の違いが、乗り込んできたポーランドの入国審査官に向かって、こんな言葉を口に載せさせてしまう。英語が通じるかもしれない、という思いもあった。

「紅茶を飲みたいんだけど、ポーランドのお金が一銭もない。アメリカドルと四ルーブルはあるんだけど……」

ロシアの係官にはとてもいえないことだった。やはりソ連を抜けたという解放感があったと思う。すると審査官は、期待通りというか、倍返しの言葉を口にした。

「オレが替えてやろう。公式レートは一ドル五百ズロティだが、千四百ズロティでどうだい。十ドルなら、もっとレートをよくするよ」

東欧は思っていた通りだった。本来なら、ヤミ両替をとり締まる立場なのかもしれないが、ポーランドはゆるゆるだった。僕は両替に応じた。一ドル紙幣を受けとった審査官は、テーブルに置いてあった煙草を指さしてこういった。

「ソ連製の煙草はよくない。体をこわすよ」

国境の街での対応はいまも変わらない

この国境を二度目に越えたのは一九九七年だった。九年の間に状況は大きく変わった。旧ソ連は崩壊した。ロシアといくつかの国々に分裂していく。ロシアとポーランドとの間にはベラルーシという国ができた。

ブレスト駅では、九年前と同様に台車のつけ換えが行われていたが、その方法は変わっていた。以前、乗客は全員、車両から降り、作業は別の場所だった。しかし、列車に乗ったままでつけ換え作業が進んだ。だが、簡単ではない。車両を一台ずつ切り離し、それをクレーンで吊りあげ、台車を交換する。その様子は車窓から見ることができた。

作業員の男たちと目が合った。すると、笑顔をつくりながら、蛍光色の帯の入った作業着のなかから一本のビールをとりだした。

「……ん？」

男はジャンケンのパーのように手を開いた。どうも男はビールを売ろうとしているようだった。五ドルで売るという意味らしい。少し高い。すると同行していたカメラマンが指を一本だけ立てた。一ドルでどう？　大胆な値切りである。男は顔を横に振ったが、目が笑っていた。どうも一本一ドルでいいらしい。

ほどなくして男は僕らが乗る車両に乗り移り、連結部分のドアを鍵で開けて車内に入ってきた。そして作業着の裏から、次々とビール壜をとりだした。その数五本。これだけのビール壜を上着の裏に忍ばせて作業をしていたのだ。僕らは三本買った。

またしてもゆるゆるのブレスト駅だった。ロシアでは起きそうもないことだった。東欧に入っていく……。九年前と同じ感覚を味わったものだった。しかし考えてみれば、ブレスト駅はベラルーシ領内にある。ここで働いている作業員は、ベラルーシ人のはずだ。ベラルーシの人々も、ポーランドに近づくと、こんな性格になるのだろうか。

このブレスト駅を次に通ったのは二〇一八年だった。二回目に訪ねたときから二十一年の年月が流れていた。EUとロシアは対立構造が続いていたが、EU加盟国のポーランドとベラルーシとEUの関係は悪くはない時期だった。EU加盟国の大半は、日本人に対してビザを免除していた。しかし歩み寄りはあっても、正式なEU加盟国ではないベラルーシに入国するにはビザが必要だった。その状況にも緩和の動きがあることが伝わってきた。大使館に問い合わせると、飛行機を使って首都のミンスクに到着して入国し、出国する人はビザをとる必要がなくなっていた。しかしモスクワから列車で向かう旅行者は、いままで通りのビザが必要だった。

そこで僕は、東京のベラルーシ大使館で、トランジットビザをとった。このビザは、ベラルーシに滞在することはできない。通過するだけのビザである。有効期間は三月六日と七日の二日間だけだった。

モスクワに着いたのは三月六日だった。ワルシャワまでは約十六時間。その日の列車に乗ることができれば問題はなかった。しかし列車は一日一本。間に合わなかった。

翌日の列車に乗ったが、それほど気にはしていなかった。モスクワを発車した列車は、その日の夜八時頃にはベラルーシに入るはずだった。以前はそこで入国審査が行われた記憶があった。

しかしロシアとベラルーシの国境で列車は停車しなかった。ということは、ポーランド国境のブレストで、ロシアの出国、ベラルーシの入国と出国という三つの手続きを一気にすませるということらしい。出入国の審査が簡素化されることはありがたかったが、となるとブレスト駅に着くのは、翌日の午前三時になってしまう。三月八日である。少しもめる気がした。

国境を前にした不安はだいたいあたる。これまで何回となく陸路で国境を越えて

きた勘だった。入国審査の係官は、

「今日は八日だ」

といった。わかっていた。返す言葉も決まっていた。

「七日にベラルーシに入国している」

別室送りになった。そこでも互いの主張は平行線を辿る。しかし係官の態度に、かつての社会主義国のような威圧感はなかった。しかし公務員だった。まるでひとりごとのように、

「私は間違っていない」

と繰り返した。待合室で待つようにいわれた。乗客のいない午前四時の待合室のベンチで時計を見続けるしかない。発車時刻に少しずつ近づいている。ひょっとしたら、僕の主張を認めてくれるかもしれない。

しかしそれは淡い期待だった。現れた係官は一枚の書類を手にしていた。彼に促され、駅舎を出、隣の建物に入った。銀行があった。

「六十五ドル」

係官はいった。トランジットビザの期限を一日超過した罰金だった。僕の処遇は最初から決まっていた。僕は支払いを拒む。

「七日には入国している」

「私は間違っていない」

再び堂々巡りである。壁の時計に視線を送る。発車まで三十分しかなかった。折れるしかなかった。

列車は定刻に発車し、国境を越えた。ポーランド側のテレスポル駅にしばらく停車した。ホームは濃い霧に包まれていた。入国審査はなかった。

ブレスト駅——。やはりこの駅が東欧の入口だった。

ポーランドに横たわる重い歴史と生きる

東欧の都市のなかで滞在日数が多いのはポーランドのワルシャワだろうか。特別にこの街が気に入っているというわけではないのだが、西側に続くドイツ、オランダ、ベルギー、フランスといった国々のホテルがかなり高いからだ。カメラマンが同行することが多くツインの部屋を探すと、一泊一万五千円ぐらいは珍しくない。しかし西欧はホテルは高いが航空券が安い。LCCも充実している。日本路線も競争の激しさを反映して安い。東欧と日本を結ぶ航空券と比べると、片道で五万円ほどの差が出ることもある。

そこでどういう作戦に出るかというと、西欧を出発する飛行機の予約を入れ、それまで東欧の街で待機することになる。ワルシャワの安めの宿なら一泊三千円程度になる。ドミトリーなら千円台だろうか。ワルシャワから列車やバスで、ベルリン、アムステルダム、パリといった都市へは一日以内で着く。うまくいけば、西欧の都市に泊まることなく、空港に滑り込むことができる。

ヨーロッパから日本に帰るとき、東欧は飛行機待機エリアになるわけだ。その間に目にする東欧の街。そこで迫ってくるのは、重い歴史と頑固さである。

ワルシャワ中央駅に着く。駅前には、日本の地方都市の駅前パチンコ店のようにカジノがある。周辺にビルも多く、西欧並みの国をめざすポーランドという雰囲気に包まれている。しかしそこから二十分ほど歩くと、広い公園に出、その先にワルシャワ歴史地区と呼ばれる一画がある。世界遺産にも選ばれている一画で、観光客なら必ず訪れるエリアでもある。

ポーランドの歴史――。簡単な年表を広げただけでも、頭が痛くなるほどの軌跡を辿っている。十八世紀と二十世紀には、ポーランドという国自体がなくなっている。日本に置き換えて考えてもみてほしい。近世に入ってから、自分の国がなくなってしまうという状況は、なかなか想像しにくい。ポーランドに侵攻し、領土を分割していった主役は西隣のドイツと東隣の旧ソ連である。ドイツとソ連という強国に挟まれているという立地……それはポーランドの宿命だった。

比較的新しい国の消滅は第二次世界大戦中に起きている。一九三九年、ナチス・ドイツとスロバキア軍はポーランドへの攻撃をはじめる。それに呼応するように、ソ連の赤軍が東部の国境を越えてポーランドに侵攻する。ポーランド軍は簡単に撃破され、ポーランドは分割占領され、国そのものがなくなってしまうのだ。ポーランドはパリ、そしてロンドンに亡命政府をうちたて、主に反ドイツ闘争を続けることになる。

ナチス・ドイツとソ連の戦闘は、しだいにソ連に傾いていく。ワルシャワ蜂起はそのときに起きる。ソ連の扇動ともとれる動きを受け、ポーランド人たちは、いまだナチス・ドイツの占領下だったワルシャワで蜂起する。ソ連の赤軍の支援を前提にした蜂起だったのだが、赤軍は戦況を静観する。このソ連の作戦をめぐり、戦後、さまざまな分析が飛び交うことになる。ワルシャワ蜂起は、ポーランド亡命政府主導の行動だった。戦後、ポーランドでの存在感を確かなものにしたいソ連にしたら、亡命政府勢力が力をもつことには消極的だったともいわれる。つまり亡命政府の弱体化を狙った蜂起だったと……。反論もある。ワルシャワの手前まで迫っていた赤軍は、かなり疲弊し、蜂起したワルシャワ軍を助けることは難しかったという見方である。

どちらにせよ、梯子《はしご》をはずされたワルシャワ軍は、単独でナチス・ドイツと闘うことになる。ナチス・ドイツはすでに勢いを失っていたが、戦車や重火器などの装備は整っていた。それに比べ、ポーランド軍は丸腰に近かったともいわれる。銃は数人に一丁といったありさまだった。彼らはナチス・ドイツ軍を襲い、そこで奪った銃で闘いを続けた。そのなかで暗躍するのがカミンスキー旅団である。ロシアに生まれた反共軍で、ナチス・ドイツに合流する。ワルシャワ蜂起では、多くの市民がカミンスキー旅団の手で殺害された。

やがて装備で優位に立つナチス・ドイツは、しだいにポーランド軍を追いつめていく。一九四四年八月、ポーランド軍はほぼ潰滅《かいめつ》した。

ナチス・ドイツはその後、ポーランドに懲罰的攻撃を加える。ワルシャワの街は徹底的に破壊された。蜂起に加わったポーランド人はテロリストのレッテルを貼られ、市民も合わせて約二十二万人が戦死したり、処刑されたといわれる。

第二次世界大戦は終わった。ポーランドは国として復活するのだが、それもまた茨《いばら》の道だった。アメリカとイギリス、ソ連によるヤルタ会談で決められていくのだが、ポーランド亡命政府は、ソ連の発表を拒否する。

カティンの森事件をポーランド人は忘れてはいなかった。一九四〇年、ソ連領内のカティンの森で、ポーランド軍の軍人、官吏、聖職者など約二万二千人が殺された事件である。その結果、ポーランドにはソ連の傀儡政権が生まれることになる。

ソ連の衛星国としての重要な位置を占めていく。

ワルシャワの歴史地区は、戦後、再建がはじまった。ワルシャワ蜂起の後、ナチス・ドイツによって破壊された旧市街の復興である。しかしポーランドはソ連の傀儡政権下である。ソ連は社会主義国風の街につくり替える計画を立てる。実際、ワルシャワの街は九十パーセント以上破壊されていた。別の土地に首都をつくるという案があったほどだという。

第二次世界大戦後、世界の多くの都市で復興計画が立てられた。それは日本も同様だろう。新しく線が引かれ、幅の広い道が出現した街もある。日本はどちらかというと、建物というより、都市計画に重きが置かれた雰囲気がある。しかしヨーロッパでは、建物の復興にも関心が集まった。ドイツやフランス、イタリアなどでは、破壊された歴史的建造物の復元に動きはじめる。ワルシャワのそれは本格的だった。

ある資料には、こんな話が載っている。

「首都復興局歴史建造物課のヤン・ザフファトウィチ教授は「戦時中にドイツ人によって破壊されたポーランドの歴史建造物である場合、しかもそれがポーランドの首都である場合は、例外的に街全体の再建が妥当だ」といって、当局および建築家、保存修復家らを説得した」

つまり、歴史的建造物だけでなく、それを含めた街全体の復興をめざすのだ。ワルシャワの人たちにとって、建物も大切だが、街の記憶は、全体が修復されて蘇るものだと主張したのだ。この言葉には、愛国心とは別次元の街に対するこだわりが伝わってくる。それほどまでにナチス・ドイツへの憎しみが強かったという見方もあるかもしれない。政権がソ連の傀儡である以上、街にしかポーランド人のアイデンティティを注ぎ込めないと分析する人もいる。しかし僕はそれ以上の熱のようなものを感じてしまうのだ。彼らには、失われたものの復興は、未来への責任ととらえられているともいう。

しかしひとつの街を復元することは大変なことだった。瓦礫のなかからレンガを掘り起こし、立体ジグソーパズルのように建物を組み立てていく。根気のいる仕事だった。そこからは偏執ともとれるポーランド人の気質が伝わってくる。

復元された旧市街は、やがて世界遺産になっていく。しかし、世界遺産には復元文化財は登録対象ではないという線引きがあった。選定会議ではその話になったというが、ポーランド人にしたら、それは関係がないことだった。ワルシャワは彼らの首都だったからだ。

そんなことを考えながら、ワルシャワ歴史地区を歩いてみる。建物はどれもしっかりと建てられている。第二次世界大戦前も、こんな街並みが続いていたかと思うと、ワルシャワの人たちが、この街を元に戻したかった街熱のようなものが少しわかった気になってくる。ソ連のいうことを聞かず、この街を復元しようとしたことは、すでに連帯につながる民主化への発芽があった気もする。いや、彼らは国家というものの脆弱さを遺伝子レベルでとり込んでいる気がしなくもない。それよりも大切なものは、自分たちがつくった街だと主張しているような気になる。

それはアウシュビッツという強制収容所についてもいえることなのかもしれなかった。ここも世界遺産である。以前から、世界遺産には、それほどの興味はなかった。最近の世界遺産は、観光という要素が前面に出すぎていて、どこかつくられた感が漂っているからだ。しかしアウシュビッツは別格だった。

ワルシャワの安宿でネットをつなぎ、アウシュビッツまでの行き方を調べてみた。アウシュビッツの強制収容所は何カ所かあるが、行こうとしていたのは、アウシュビッツ・ビルケナウという収容所跡だった。その行き方がいまひとつわからなかった。ワルシャワからガイドが添乗するツアーがあるようなのだが、翌日にあるのかどうかがはっきりしない。料金もかなり高い。旅行者のブログでは列車で向かうことができ、入場料は無料という記述もある。

列車で向かうことにした。ワルシャワ中央駅で切符を買ったが、乗り継ぎが悪く、途中のカトヴィツェで一泊することになった。地図を眺めると、アウシュビッツはポーランド南端である。かなり遠いのだ。以前、アウシュビッツはヨーロッパの中心につくられたという話を聞いたことがあった。ユダヤ人を運ぶために便利な場所を選んだのだという。なんとなく、ワルシャワからそう遠くない所にあるような気がしていたが、ヨーロッパとはナチス・ドイツが占領したエリアを意味しているようだった。

カトヴィツェに泊まった翌朝、アウシュビッツに向かった。最寄駅はオシフィエンチムだった。それはポーランド語の地名で、それをドイツ語で読むとアウシュビッツになることを前日に知った。アウシュビッツへの行き方を検索しているとき、訪ねた人のブログを読んでわかったことだった。そんなことも知らなかったことが恥ずかしかったが、少し引っかかるものがあった。ポーランド人はそれでいいのかという問題だった。調べてみると、英語圏の人も、日本人が口にするアウシュビッツに近い呼び方をする。ドイツ語がベースになっているのだ。ポーランド領内にあるというのに、やってくる観光客の多くは、ドイツ語風の地名を口にする。

オシフィエンチム駅からは、産業道路のような味気ない道の脇を二十分ほど歩いた。大型トラックが行き交う道である。収容所跡の前には広い駐車場があり、大型バスが何台も停まっていた。パスポートを窓口に提示しなくてはいけなかったが、入場は無料だった。

敷地は広かった。点々と続く建物を、ひとつ、ひとつ見学していくスタイルだった。順に進んでいったが、はじめのうちは、なんの展示なのかぴんとこなかった。そこには、アウシュビッツで命を落としたポーランド人の顔写真がずらりと並んでいた。しかしユダヤ人と記されてはいないのだ。いくつかの展示室を巡り、ようやくわかってきた。途中から、犠牲になったユダヤ人のコーナーになったからだ。

僕はアウシュビッツの強制収容所のことを半分も知らなかった。ナチス・ドイツがユダヤ人をこの施設に送り、一説では百五十万人以上が命を奪われたという認識しかなかった。アウシュビッツは、ユダヤ人を送り込むための施設だと思っていたのだ。

僕は順路を逆走し、最初の展示に戻った。掲示された解説によると、一九四〇年から一九四五年の間に、十四万人から十五万人のポーランド人がこの施設に収容された。彼らはユダヤ人ではなかった。そしてその約半数、七万人から七万五千人がアウシュビッツで処刑されていた。

ワルシャワ蜂起を思いだしていた。あの闘いで捕虜になったポーランド人の一部は、このアウシュビッツに送られた可能性はあった。アウシュビッツは、そういう施設でもあったのだ。

入場料を無料にし、ポーランド人犠牲者を展示の最初にもってくる理由がやっとわかった。たしかに犠牲者の数からすればユダヤ人が圧倒的に多い。ポーランド人のなかにもユダヤ人がいるから、話は少しややこしくなるが、十四、五万人のユダヤ人ではないポーランド人もここに送られたのだ。

ユダヤ人の部分が強調されてしまうのはいたし方ないのかもしれないが、そこばかりが知られてしまうと、ユダヤ人ではないポーランド人犠牲者がすっぽりと抜けてしまうのだ。ポーランド人とナチス・ドイツの間に横たわる事実だった。

東欧らしさが残る列車旅へ

ポーランドの話が長くなってしまった。東欧エリアでいえば、ブルガリア、セルビア、クロアチア、スロベニアをカメラマンと共に列車で訪ねたことがある。東欧らしい列車旅だった。

出発はトルコのイスタンブールだった。そこからセルビアのベオグラードまでの列車に乗ったのだが、途中のブルガリアのソフィアに着く頃には三時間近く遅れていた。これが東欧列車旅の幕開けだった。イスタンブールから乗った列車は、ルーマニアのブカレスト行き、ベオグラード行き、そしてソフィア止まりという目的地が違う列車を連結した編成だった。ソフィアでそれぞれを切り離すのだが、ソフィアの手前で、僕のいるコンパートメントに車掌がやってきた。

「この列車は遅れている」

そんなことはわかっていた。告げられたのは、ソフィアで接続する列車が、僕らが乗る列車の到着を待たずに発車するということだった。ベオグラード行きの車両は、ソフィア駅でいったん切り離され、ソフィア発のベオグラード行き列車につながれることになっていたようだった。僕らの切符は自動的に次のベオグラード行きに振り替えられたが、ソフィアで六時間近く待つことになった。結局、ベオグラードに着いたのは翌朝だった。

ベオグラードの駅で、イタリアのベネチアまでの列車の切符を買った。クロアチアとスロベニアを通ってイタリアに抜ける。

ベオグラード駅のホームで列車を探した。行き先の表示がなく、駅員に教えてもらった。三両の短い編成の列車だった。この列車はクロアチアのザグレブが終点だった。そこで乗り換えることになる。その場合、本来なら二枚の切符になるはずだ。ところが僕らの切符はベネチア行きの一枚切符だった。席は自由席だった。しかし手にしている切符には座席番号が印字されていた。

なにかがおかしい……。

不安になって車掌に切符を見せた。しばらくの沈黙があった。そして、「ここに座っていい」といわれた。そういわれれば従うしかない。なんだかしっくりしないまま、列車は発車した。ザグレブに着いたのは夜の九時だった。列車を降り、駅員に切符を見せた。

「十一時二十分発のベネチア行きがくるから、それに乗りなさい」

待ち時間は二時間ほどだった。

ベネチア行きの列車は、十一時少し前に入線した。切符に書かれた車両番号は「423」だった。ホームを歩きながら、車両番号を確認していく。

「426……425……424……」

「ない？」

いきなり先頭のディーゼル機関車になってしまった。

「見落としたんだろうか？」

もう一度、ホームを歩きながら確認してみた。やはりなかった。

４２４の車両の入口に立っていた若い女性車掌に切符を渡した。

「この車両は４２４。先頭に向かって番号が減っていく連結だから、４２３はこの前に……」

車掌は乗降口から身を乗りだすようにして前を見た。

「ワォ！」

驚いている場合ではなかった。僕らが乗り込むはずの車両が連結されていなかったのだ。

車掌は僕の切符を手に、隣の車両にいる別の車掌となにやら話し込んでいた。結局、女性車掌が担当する４２４の車両の空いているコンパートメントに入ることになった。

乗り込んだ列車は、ルーマニアのブカレスト始発のベネチア行き列車だった。ユーロナイトという名前までついていた。

連結するはずの寝台車を一両、ブカレスト駅に放置したまま発車してしまったのだろうか。東欧らしい話でもある。東欧の人々は、一見、思慮深そうに映るのだが、けっこう抜けている。これはポーランドで何回か経験した。

それとも発券システムになにかの問題があるのだろうか。ベオグラードからザグレブまで乗った列車は、全席が自由席だったが、僕の切符には座席指定の番号が入っていた。そしてザグレブからベネチアに向かう列車には、乗るべき車両がなかった。

ポーランドのオシフィエンチム駅を思いだした。アウシュビッツの最寄駅である。小さな駅で、発券窓口はひとつしかなかった。中年女性が座っていた。列に並び、前の人の切符が売られるところを見ていると、パソコンの画面で発券を進めていたのだが、急に自分のスマホを立ちあげ、なにかを打ち込み、その画面を見はじめた。スマホで見ているのは、一般客が見る時刻表のように見えた。ポーランドの鉄道の発券システムと、乗客用の時刻表が違うのかもしれなかった。どちらが正しいのかはわからないが、スマホの時刻表で確認しながら発券しているようだった。モニターと時刻が違っても、列車番号が同じらしい。

どうやらポーランドの鉄道の発券システムが、ダイヤの変更に追いついていないようだった。

ベオグラードから乗った列車も、同じことが起きている気がした。それとも、発券ミスの幻の列車の切符なのかもしれなかった。相当する列車の車両はもともとなかった……。

しかし焦ったのは僕らだけだった。

列車は予定通りスロベニアを通り、イタリアに入った。東欧の列車旅は終わり、南欧の旅がはじまることになる。

第4章

南欧の国々

——快適な旅とはいえないが……

ギリシャの旅がいちばん楽な理由《わけ》

旅を描くもの書きだから、インタビューでは、訪ねた国の数と好きな国という質問はよく受ける。そしてだいたい、相手が抱いていたストーリーを裏切ってしまう。訪ねた国は八十カ国に達していないと思う。この種の質問に備え、イミグレーションを通過した国を正解に数えようと思うのだが、いつも忘れてしまう。訪ねた国の数にそれほどの執心《しゅうしん》がないからだ。旅好きのなかには、訪ねた国が百カ国を超える人が少なくない。せめてそのくらいの数は……とインタビュアーが考えていたことが表情から伝わってくる。

そして好きな国……。僕の著作は、アジアや沖縄をフィールドにしたものが多い。アジアではタイが中心になる。タイのバンコクには、足かけ二年も暮らしている。著作も多く、暮らしたこともあるといえば、その国が好きなのだろうと思うことは自然なことだ。しかし好きな国と訊かれると、タイは思い浮かばない。

「ギリシャです」

そう聞かされると、インタビュアーは、一瞬、困惑する。次の質問がすぐにみつからないのだ。別に意地が悪いわけではない。タイにしても、嫌いというわけではない。しかしタイとの関係は、どこか腐れ縁のようなところがある。これからもなにかとかかわっていくことも覚悟している。悪い部分もいっぱい見てしまっているから、好きな国？　と訊かれると、そのリストから簡単に落ちてしまう。

実をいうと、写真撮影のためもあるのだが、インタビューの場所にタイ料理店を指定されるのも少し困る。店に問題があるわけではないが、タイ料理のように、香辛料やハーブを多く使うものは、やはり本場のほうがおいしい。日本では栽培できないものも多く、冷凍で輸入されるものはどうしても鮮度が落ちてしまう。必ずといっていいほど訊かれる。味はどうですか？　という問いかけにはお茶を濁すしかない。

ではなぜギリシャ？

はっきりとした理由を口にできないからまた困る。ひとつの国が気に入るということの背後には、さまざまな要因が絡んでいる。これです……と断言できる背後には、別の意図が働いているようにも思う。

ギリシャの第一印象はいいものではなかった。はじめて訪ねたのは三十年ほど前である。トルコのイスタンブール郊外にある巨大なバスターミナルで、アテネ行きのバスに乗った。トルコを出国し、ギリシャに入国後、一時間ほど進んだところでバスは停まってしまった。前方から黒い煙があがっていた。説明では政府に抗議する農民が道路に古タイヤでバリケードをつくり、封鎖しているのだという。

待つしかなかった。二時間ほどがたっただろうか。路上で停まっていた車が動きはじめた。しばらくすると、脇に古タイヤが積みあげられた場所を通過した。よれよれのシャツを着た男たちが脇に立っていた。どこか疲れているようにも映った。

バスは乾いた丘陵地帯を走っていた。オリーブの灌木が植えられていた。日本の果樹園を知る身にしたら、オリーブ畑は雑な印象だった。ただ斜面にオリーブを植えただけのような畑だった。路上で古タイヤ脇に立つ男たちの顔を思い出した。

そのとき、なぜアテネに向かったのかというと、日本に帰る航空券を買うためだった。当時はLCCもなく、格安航空券といわれる割引航空券を、現地の旅行代理店で手に入れる時代だった。アテネはヨーロッパ内で格安航空券のメッカだったのだ。旅に出る前、日本で集めた情報では、アテネから東京までの片道航空券は四万から五万円だった。

格安航空券を扱う旅行会社は、アテネのニキス通りに集まっていた。しかしそこで提示された航空券はかなり高かった。安いもので五万円後半から六万円半ばという料金だった。

「中近東系の航空会社が軒並み値あげしたんですよ。今年に入って二回。これでもう、アテネ発の航空券は安いっていう〝ギリシャ神話〟は崩れましたよ」

ある旅行会社はそう説明してくれた。

二回目にアテネを訪ねたのは、それから二年ほどがたった頃だった。はじめてアテネを訪ねた旅で、僕は格安航空券を頻繁に使った。「12万円で世界を歩く」という旅の企画だった。旅にかかる費用をできるだけ削らなくてはならなかったから、当時は違法ではないかともいわれた格安航空券が頼みだった。この旅は一冊の本にまとまった。それを読んだある出版社から、世界の格安航空券の価格情報をまとめた雑誌をつくらないかという依頼が舞い込んだ。いまならすぐに、インターネットのサイトづくりに動くところだろうが、当時はまだアナログの時代。格安航空券を販売する旅行会社を訪ね、そこから価格情報をファックスで送ってもらうことを依頼することから雑誌づくりははじまった。

そこで再びアテネに向かった。いまなら旅行会社をネットで検索して訪ねるところだろうが、当時は事前に調べることも難しかった。ガイドブックに紹介されている旅行会社情報を頼りに、アテネの街を歩きはじめた。そこで僕は天を仰ぐことになる。午後から歩きはじめたのだが、ニキス通りに並ぶ旅行会社の多くが閉まっていた。場所を変え、シンタグマ広場周辺の店をあたったが、たまに扉を開けている店も、

「うちはクルーズ船専門なんで、航空券はちょっと……」

というつれない返事が返ってくるだけだった。訊いてわかってきたことは、いまはオフシーズンで、航空券を買う人は少ないため、多くの旅行会社が営業時間を短縮しているということだった。午前中なら開いている店もあるという。

翌朝、早くから、アテネの街を歩きはじめた。路地裏で旅行会社の看板を探しまわった。店先でコーヒーを飲んでいる男と目が合った。見あげると旅行会社だった。

「旅行会社の人ですか？」

男は笑顔をつくった。

「いまは客が少ないから、開店休業状態。毎朝、八時には店を開けるけど、昼までかな。早いときは十時頃に閉めることもあるんだ」

男はそういいながら、店に招き入れてくれた。僕は発行する計画のある雑誌の話をした。

「最近はロンドンのインド系旅行会社がかなり安い運賃をだしてくる。彼らはチャーター便を出す資金力があるからね。でも、そんなことをいっちゃいられない。一緒に頑張ろう。日本人がたくさんきてくれると、少しは状況も変わってくる。日本語、覚えなきゃな」

彼がアンジェリーリだった。快諾はしてくれたが、料金リストをつくることはなかなか大変だった。目的地を決め、運賃を調べなくてはならない。メールもないから、そのリストは後日、ファックスで送ることになる。当時は国際電話代も高く、ファックス代もかさむ。その場でリストを仕上げることになった。アンジェリーリと机を挟んで向かいあい、リストをつくりあげていった。昼までかかってしまった。

そのときはアテネに三泊した。毎日、旅行会社を訪ね歩き、三社が協力してくれるところまでこぎつけた。

格安航空券の価格情報誌は、それから四カ月ほどして刊行された。『FLIGHT KIT』というタイトルになった。この雑誌は、少しでも安い航空券を手に入れたいという日本人の時流に乗った。『格安航空券ガイド』と名前も変わり、隔月発行の雑誌に育っていった。

しかし情報誌の命はそう長くない。急速に広まったインターネットの波に巻き込まれていく。紙を使った情報より、はるかに早く、航空券の価格がわかる時代に入っていった。旅行会社は独自に価格情報サイトを立ちあげるようになった。『格安航空券ガイド』は二〇〇四年、休刊になった。出版界でいう休刊は、事実上の廃刊である。アテネのアンジェリーリは最後までつきあってくれた。

その次にアテネを訪ねたのは、二〇〇九年のことだった。『格安航空券ガイド』を出版していくなかで、LCCが存在感を増してきていた。格安航空券よりさらに安い航空券が登場してきたのだ。その広がりを支えたのは、各家庭にも普及していったパソコンとインターネットだった。LCCはインターネット予約に限定しているところが多かった。そのなかでもちあがった企画が、LCCだけを乗り継いで世界を一周し、その体験を一冊の本にまとめるというものだった。そこでまた、アテネが登場してくる。

日本からフィリピン、マレーシア、シンガポール、インド、アラブ首長国連邦、エジプトとLCCを乗り継ぎながら旅は進んだ。しかしそこで、ひと筆書きのように描かれた航路は途切れそうになってしまった。アメリカに生まれたLCCは、ヨーロッパに広まり、そしてアジア、中東へとシェアをのばしていった。基本的には中短距離路線を得意にする航空会社群だった。そのなかで需要が少ないのが、中東とヨーロッパを結ぶ路線だった。エジプトのカイロからの便を調べると、イギリスやドイツに向かう便はなく、エージアンエアーがギリシャのアテネ行きを就航させていた。はたしてエージアンエアーがLCCなのか……少し迷った。実は機内食などが運賃に含まれるフルサービスの既存の航空会社とLCCの区別は曖昧なところがあった。エージアンエアーは、その中間のような航空会社だった。

久しぶりのアテネだった。このときは、カメラマンのほかに、LCCの旅を体験してみたいという若者が同行していた。空港から市内に向かう電車に乗っていた。中心街では地下に潜るが、それまでは地上を走る。車窓を眺めていた彼がこんなことをいった。

「しょぼい街なんですね。アテネって、超有名な街じゃないですか。これまでまわってきた街のなかで、いちばん有名でしょ。オリンピックもあったし。期待してたんです。飛行機が下降をはじめたとき、エーゲ海に浮かぶ小さな島が見えた。ちょうど西陽が当たって、輝いていた。でも、アテネは……」

その言葉に、僕も車窓に視線を向けた。味気ない工業団地が広がっていた。マニラ、シンガポール、バンガロール、シャルジャ（アラブ首長国連邦）、カイロ……これまで泊まった街を思い起こす。たしかにアテネは有名かもしれない。彼は遺跡で埋まったような街をイメージしていたのかもしれない。あるいは京都のような古都……。

彼から「しょぼい」といわれ、僕のアテネ滞在の日々を振り返ってみる。「しょぼい」といわれればその通りだった。はじめてアテネに来たときには、アクロポリスの丘にのぼり、パルテノン神殿は見ていた。それ以来、旅行会社探しの滞在を含めて、三回、この街に滞在している。LCCの乗り継ぎ旅でアテネは四回目になる。初回以外、パルテノン神殿は見ていない。ギリシャといえばエーゲ海の島だが、有名なミコノス島やサントリーニ島にも行ったことがない。唯一、アテネに近いエギナ島に一泊した程度である。あとはほとんど、アテネの街のなかをうろうろとしていた。アテネの滞在日数はトータルで二週間ほどになると思うが、僕が詳しいのは路地裏だけである。

その路地裏にしても、パリやロンドンなどに比べると、建物がしょぼい。歴史を秘めたという表現と老朽化のどちらかといわれれば、朽ちるという文字が入っていたほうがしっくりとくる。貧相というと少しきつい気がする。ヨーロッパの田舎風情といったあたりがしっくりとくる。

そしてアテネの街は、いつもストライキに揺れていた。はじめてトルコからギリシャに入ったとき、農民たちの道路封鎖に遭遇したが、それは僕のギリシャ滞在を象徴している気もする。

旅行会社探しでアテネに滞在していたときも、街はストライキに揺れていた。当時は空港と街を結ぶ電車はなかった。バスが頼りだったが、このバスのストライキがよく起きた。僕は運がよかったのだが、ときに航空会社や空港のイミグレーションのストライキも起きていた。こういうときに遭遇してしまうと、かなり焦ることになる。

LCCを乗り継いで辿り着いたアテネの街では、黒い煤《すす》がこびりついた壁をよく見た。前年の暮れ、ギリシャ各地でデモが繰り返された。十五歳の少年が警官に射殺されたことに若者たちが反発したのだ。若者の一部は商店の窓ガラスを割り、火を放った。デモはアテネが最も激しかった。その背後にあるのは、経済状況の悪化だった。仕事はなかなかみつからず、生活が苦しい。オリンピックもギリシャ人の暮らしを豊かにしたわけではなかった。

そして二〇一〇年にはギリシャ危機を迎えることになる。ゼネストには二百七十五万人もが加わった。

俯瞰して眺めると、ギリシャはだめだめなのだ。アテネはその象徴でもある。

しかし僕はこの国が気に入っている。

そう思ったのは、旅行会社を探して街を歩き続けていたときだった。夜は泊まっていた安宿に近い食堂に入った。ギリシャ語でタベルナという。テーブルに敷かれているのはわら半紙のような紙だった。これがギリシャ風のテーブルクロスである。布製のそれに比べると、どことなく貧相さが募る世界でもある。そこに、ちょっとパサついたギリシャのパンが置かれる。ワインを頼むと、肉厚のコップに、松ヤニ風味の白ワインを注いでくれる。西欧のレストランで使われる、薄いガラスのワイングラスとは世界が違うのだ。どこか家の台所に置いてある水飲みコップの風情である。

松ヤニ風味ワインにしても、味にまろやかさはなく、ぎしぎしと音をたてて食道を通っていくような感覚が残る。普通の白ワインとは違う。しかし毎日のように飲んでいると、どこか体にしっくりくるようなワインなのだ。

はたしてそれがメイン料理なのかわからない小振りの焼き魚やイカ……。どこまでいっても華やかさがない。アテネの中心街であるシンタグマ広場あたりの店に行けば、それなりの見栄えのする料理や高いワインがあるのだろうが、もともと、その種の店は苦手だ。路地裏のなにげない店が、なんとなく僕の流儀にフィットすることがありがたかった。

路地裏の店といっても、そこは観光都市だから、店の主人がギターをもち出してギリシャの歌を聞かせてくれたりする。ギリシャの音楽は、どこかジプシー音楽を思わせる。哀感がある。そのときの僕は、旅行会社探しに苦労していた。そんな心境には無理がないメロディーだった。

僕は酒をよく飲むが、大人数での飲み会は苦手だ。多くて三人まで……といった不文律が僕のなかにはあるのではないかと思えてくる。アメリカ人がよくやるようなテキーラの一気飲みでの大騒ぎにも、ついていけない。かといってひとりは寂しい。そんなタイプには、アテネの食堂がちょうどよかった。

ギリシャの歴史遺産はみごとだ。エーゲ海という観光資源もある。しかし経済的にはかなり厳しく、国として破綻してもおかしくない。EUのお荷物といってもいい。しかしそういう国の人に限って頑固なものだ。僕のような旅行者に、表面上はつくろうが、決して心の裡《うち》を見せようとはしない。そんな人々が僕との間に保ってくれる距離感覚が心地いいというより、楽なのだ。

好きな国？　と訊かれて、ギリシャと答える感覚は、ちょっとひねくれているかもしれない。歴史だけは横たわっているが、現実はヨーロッパの田舎にすぎない。そういうと、ギリシャ人はきっと怒るだろう。

LCCを乗り継いでアテネを訪ねたとき、僕はニキス通りにあったアンジェリーリの店を探した。すでに移転しているか、別の仕事をしている可能性があった。ヨーロッパでは、インターネットの普及のなかで、航空券の販売手数料がゼロに近づきつつあった。以前のヨーロッパでは、航空券を売った旅行会社は、九パーセントの手数料を航空会社から受けとった。それが航空券販売に特化した旅行会社の主要な収入だった。しかしその割合が七パーセントにさがり、五パーセントになり、二パーセントという数字に近づいていった。ここまでさがると、旅行会社の経営は難しい。パッケージツアーの販売に移行するか、廃業するか。アンジェリーリはどの道を選んだのだろうか。

通りを二往復した。彼の店はみつからなかった。

暮らすならポルトガル

住んでもいいかな……といつも思う国がある。ポルトガルである。理由のひとつは物価の安さだ。

西欧の物価は、ずしんと堪《こた》えるほど高い。まずはホテル代に腰が引ける。東欧のポーランドでの滞在が長くなってしまうのもそのためだった。東欧から日本に帰ろうとしたとき、航空券だけはパリ、ロンドン、アムステルダムといった都市発が安くなる。航空券の価格は、便数の多さが生む競争に左右されるからだ。しかし、それらの街に長く滞在することはかなりの出費を強いられる。ゲストハウス風の宿でも、設備が整ってくると一泊二万円を超えてしまう。そこでホテル代の安い東欧に滞在し、飛行機の出発に合わせて西欧に向かう作戦をとることになる。

そのときはオランダのアムステルダム発の便が安かった。ポーランドのワルシャワから列車で向かったが、うまく時間が合わず、アムステルダムに一泊せざるをえなくなった。ネットで検索すると、アムステルダム・スキポール空港近くにあるメルキュールというチェーンホテルが、一泊一万五千円ほどと破格に安かった。しかし空港の近くに着いても、ホテルはなかなかみつからなかった。空港の職員などに訊き、やっとわかってきたことは、イミグレーションを通った先にあるホテルだったのだ。

世界の空港内の免税エリアには、乗り換え客用のホテルが用意されていることが多い。仮眠用のホテルである。安いはずだった。そのホテルに行くには、空港のイミグレーションを通らなくてはならない。つまりオランダから一回、出国することになる。そして免税店フロアーに出、その隅にあるホテルに泊まった。窓のない部屋だった。

そして翌朝、オランダに再入国。改めて出発階で飛行機のチェックインをすませた。

ホテル代が高いと、こんなこともおきてしまう。

ヨーロッパ全域の物価を比較してみると、東欧の南側あたりがいちばん安いだろうか。ブルガリアやルーマニア周辺である。それぞれの国の通貨が流通しているが、EUに加盟しているのでユーロも使うことができる。

あれはブルガリアのソフィア駅前にあったセルフサービスのレストランだった。トレーに盛られた料理を指さし、皿に盛ってもらう。コロッケ、ハンバーグ、ナスを煮込んだもの、ジャガイモ……。それらのなかから二品を頼み、パンを添えて料金を訊くと二百円ほどだった。トルコの半額だった。しばらく前のことだから、いまは多少はあがっているかもしれないが。

この東欧の南側の次に物価が安いエリアが南欧のポルトガル、ギリシャあたりではないかと思う。ギリシャはエーゲ海の有名なリゾート島の物価は高いが、僕好みのアテネの路地裏はかなり安い。だから気に入っている。ポルトガルはそれよりもさらに安いと思う。

物価というものは、旅行者が訪ねるフィールドでずいぶん違ってくる。僕のように、さしたるあてもなく街を歩き、ここはよさそうだ……といった勘だけで店に入るタイプの旅行者の目線で比べると、やはりポルトガルは安い。

僕の海外でのベースは、タイを中心にした東南アジアだ。このエリアは、ここ二、三十年、急速な経済成長を遂げてきた。その上昇カーブに沿って物価もあがってきた。三十年前、十バーツほどだった麺料理はいま、五十バーツ前後だ。タイのバーツと円の為替レートが変わっているので、日本人にしたら二、三倍といった上昇かもしれないが、それでも高くなったなぁ……と呟くことは多い。

そんな感覚を抱いてポルトガルへ行くと、安さを実感する。おそらくタイ、とくにバンコクの半分ぐらいではないかと思うこともある。経済力をつけていく国と、停滞期に入ってしまった国の違いである。

タイとポルトガルに一年の半分ずつ暮らしている知人がいる。ご主人がオーストラリア人という日本人女性だ。ご主人はすでにリタイアしているのかもしれない。

彼女も同じことをいっていた。ポルトガルの物価はバンコクの半分ほどだ……と。

そう感じてしまう背景には、日本人の生活様式があった。日本人の生活はかなり洋風化している。朝はコーヒーとパン。トイレは洋式で紙で拭く。普通にワインを飲む。そういった日々のディテールはポルトガルと同じだ。街のスーパーは、そんな需要に応えている。だから、日本人は物価の安さを実感する。バンコクの暮らしも、ほかの東南アジアの人々に比べたら、だいぶ欧米スタイルが入り込んでいるが、日本ほどではない。日本人にとっては、ポルトガルのほうが安くあがるのだ。

実際、ポルトガルを歩くと、物価の安さを実感する。訪ねたのはしばらく前だが、フランス、スペインと列車で移動して首都のリスボンに入った。二日ほどの滞在だった。そこからロンドンに向かった。フランスとイギリスという物価の高い国が絡んでくると、ポルトガルの物価の安さが際だってくる。

最近の物価も調べてみた。

朝食セット　　約三百円
昼食セット　　約八百円

牛乳一リットル　約六十円
コーヒー　約六十円
地下鉄　百八十円
タクシー初乗り　約三百七十円

やはり安い。ヨーロッパとは思えない物価である。

物価が安いからといって、街に貧しさが漂っているわけではない。むしろ、ヨーロッパのどこよりも明るい気がする。ギリシャに僕好みの頑固な静けさがあるとしたら、ポルトガルにはのびやかな快感があるようにも思えるのだ。

なぜだろうか……。リスボンの坂道を歩きながら考えてみる。ぷらぷら歩いているうちにロシオ広場に出た。リスボンでは有名な広場だった。ぼんやり眺めていると、ヨーロッパの広場には必ずいる人々がいなかった。いくつもの袋を傍らに置き、濁った瞳で広場にやってくる観光客を見る男たち。そこだけ明度《めいど》が落ちている。ホームレスだった。

リスボンに来る前、フランスのマルセイユにいた。この街には甘美なイメージをもっていた。フランスの港といえばマルセイユである。フランスの国歌「ラ・マルセイエーズ」は、「マルセイユの歌」という意味だ。もとはマルセイユの義勇兵の隊歌である。かつて、パリに憧れた日本人を乗せた船も、この街の港に着いた。フランスの入口だったのだ。

しかしマルセイユ・サン・シャルル駅で降り、街に下る有名な石段から眺める街はゴミで埋まっていた。道端にうず高く積まれたゴミの山が続いていた。年金削減に反対する公務員がストライキに入り、ゴミの回収も一週間止まっているということだった。街路を歩くと、積まれたゴミの山に焼け焦げた跡がいくつもあった。ホームレスが暖をとったようだった。もし、この火が広がれば、マルセイユは炎に包まれてしまう。

夜、下町のバーに入った。テレビからサッカー中継が流れる食堂のような店だった。テーブルを埋めていたのは、黒っぽい作業着姿の男たちだった。アラブ系の顔だちの男が多かった。フランスのダウンタウンは、アラブ系や黒人の男たちが多い。安い宿もダウンタウンに多いから、僕にとってのフランスは、彼らとのつきあいが多くなる。

彼らが暗いわけではなかった。ときにおどけた笑顔で僕の笑いを誘う。しかし、ふっと下を向いたときや、バケットにマヨネーズをつけただけの昼食を頬張る表情の奥に、生活苦が見え隠れする。彼らの給料は多くない。いつまで仕事があるのかもわからない。そのなかでやりくりしている。なかには本国の親に仕送りをしている男もいるのかもしれない。

その背後には、北アフリカからやってきた人々や黒人への冷遇が横たわっている。ダウンタウンのバーで、コーラ一杯を頼み、サッカーの試合をぼんやり眺める彼らの背中には、そんな苦しさがへばりついていた。

しかしリスボンのロシオ広場には、そんなマイナスのオーラを放つ人が誰もいなかった。この広場は街の中心で、周りにはブランドショップやカフェ、土産物店などが並んでいた。地下鉄の駅も近い。リスボンの住民も多い一画だ。ポルトガルはアフリカに近いから、アラブ系の人や黒人も多い。街を歩く彼らの身なりはしっかりとしていた。貧相さがどこにもない。堂々としている。その後ろ姿からは、フランスのアラブ系や黒人が放つ暗いオーラが、憑《つ》きものが落ちたように消えていた。植民地時代の影響もあり、ポルトガルには黒人が多い。リスボンの街を眺めていると、半分ぐらいは黒人ではないかと思えてくる。白人と黒人の間に差別の構造がない？　そんなきれいごとをいうつもりはない。差別意識はごはんのおかずのようなもの……ともいわれる。

人がいれば必ず生まれる。しかしポルトガルの黒人たちの姿からは、西欧やアメリカに横たわる意識がみてとれない。ポルトガルという社会のなかで、黒人は地位を確立しているということかもしれない。

市民が色わけされない社会は心地いい。喉に刺さった骨がすっととれたような気分になる。

暮らすならポルトガル……そう思う背後には、街から伝わってくる明るさがある。僕にとっては物価の安さのほうが優先順位が高いかもしれないが。

冬のカナリア諸島で静かなときを過ごす

南欧といったらリゾートである。ギリシャのエーゲ海、フランスの地中海岸、そしてイタリア、スペイン。地中海に沿ってリゾートが点在する。はじめて、アラン・ドロンの『太陽がいっぱい』という映画を観たのは高校生の頃だったろうか。当時は信州の松本に住んでいて、小さな名画座系の映画館で、地中海リゾートの風景を目にした。高度経済成長期だったが、まだバブル景気は到来していなかった。信州に生まれ育った高校生にとって地中海リゾートは無縁だった。そもそもリゾートという意味もよくわかっていなかった。

三十歳台になり、僕も東南アジアでリゾートというものを知ったが、バブル経済が崩壊した後の一九九四年、こんな企画がもちかけられた。

「世のなか、不景気にあえいでいます。もう、日本の時代は終わったんでしょうな。その結果どうなるか。仕事量は多くないから休みは増える。でも金はあまりない。ところが円高ときているから、海外旅行に出るとかなり得をする。と、どうなるかというと、一日にかける費用は少なくして、海外での長期リゾートにでかけようとする人たちが増えてくるんじゃないかと思うんですよ。要するに欧米型バカンスですな。日本の企業も、十五年勤続や二十年勤続で一ヵ月程度、休みがとれる企業も増えてくるんじゃないかと思うんです」

いま聞くと、さすがに時代を感じてしまう話だとは思うが、当時の日本人は、バブル経済の先を模索していた。バブルの時代には、世界の高級リゾートが次々に紹介され、そんな本も何冊か出版されていたと思うが、「一日にかける費用は少なくして」という一点で仕事がまわってきた。

家族四人で一ヵ月の滞在費が三十万円……そんな予算で出かけたのが、スペインのカナリア諸島だった。地中海に面したリゾートではなく、マドリッドから飛行機に二時間も乗って辿り着く島だった。太平洋のハワイのように、大西洋上に浮かぶスペイン領の島だった。

一ヵ月で三十万円……つまり一日一万円である。そこには宿代や食費など、滞在にかかるすべてが含まれていた。当然、ホテルに泊まることができなかった。ラス・カンテラス海岸に面したアパートを借りた。この海岸は、ハワイのオアフ島だったら、ワイキキの海岸にあたるような場所だった。一泊五千七百ペセタ、当時のレートで四千四百円ほどだった。

カナリア諸島の気候は恵まれていた。夏の気温は十六度から二十七度、冬の気温は十四度から二十三度とガイドブックには書かれていた。一年中、寒くもなく、暑くもないわけだ。

カナリア諸島は七つの島で構成されている。人口が多い島はグラン・カナリア島。マドリッドからの飛行機も、この島のラス・パルマスの街に着いた。カナリア諸島の中心都市である。まずホテルに泊まった。そこを拠点にアパートを探した。ホテルの部屋に入り、窓枠の上を見た。エアコンがなかった。アパートを探して、何軒も下見をしたが、どの部屋にもエアコンはなかった。暖房と冷房がいらない気候なのだ。

冬は北欧からのリゾート客がやってくるのだという。避寒リゾートになる。夏はスペイン本土からの客が増える。避暑リゾートだった。

訪ねたのは冬だった。そのためだろう。海岸沿いのアパートやホテルは、北欧からやってきた避寒客が圧倒的に多かった。そしてその大半が老人たちだった。僕らが借りたアパートは四十一室あったが、その九割は、北欧の老人たちで埋まっていた。

老人たちのリゾート暮らしは質素である。夜、遊びに行くことがまずない。海岸はラス・パルマスの市街地に隣接していた。レストラン、カフェ、クラブなどがあったが、そこには縁のない日々をすごしていた。

朝食は部屋ですませる。そしてサンドイッチと飲み物、本を手にビーチに出かける。そこで一日、太陽の光を浴び、三時頃に引きあげてくる。夕食は近くのスーパーで買った食材で簡単な料理をつくる。それが北欧からきた老人たちのリゾートだった。それは出版社が意図した金をかけない欧米型バカンスだった。僕らの日々もそれに近かったが、日がたつにつれ、なんだか湯治《とうじ》のような気にもなってくる。リゾートという言葉が引き連れる解放感や贅沢感がない。それが欧米型ということだったのかもしれないが。

妻はまた別の疑問を抱いていた。金をかけないリゾートは、ホテルではなくアパートを借りることからはじまった。ということは自炊、つまり妻が料理をつくらなくてはならなかった。それではリゾートにならないというのだった。

「これからのリゾートはこうなるっていうけど、そこには妻の苦労の部分が欠落しているのよ。男が考える将来のリゾートなんてそんなものなのよ」

いわれればたしかにその通りだった。

カナリア諸島に一カ月滞在した。費用は三十万円でなんとかなった。夏場の避暑リゾートだったら、もう少し華やいだかもしれないが、避寒リゾートは老人ばかりであまりに地味だった。それなりに僕は勉強にはなった。海外のリゾートに出かけても、ほぼなにもしないというか、日本ですごしていたように暮らすこともありなのだと思うようになった。しかし当時の日本人は、まだ、高度経済成長やバブル時代の意識を払拭できてはいなかった気がする。

カナリア諸島での滞在は、『南欧リゾートに暮らす』という一冊の本にまとまったが、それほど売れることはなかった。

それから年月はだいぶたったが、金をかけない節約型の長期リゾートは、日本には定着しなかった。日本の冬は北欧ほど暗くはなく、太陽の光があるだけで満足する感覚にはなれない。日本経済はインフレの波に乗りきれず、海外でのリゾートが得するという意識ももてなかった。そして勤続年数が増えても、一ヵ月の休暇を手に入れることは難しかった。

ハワイに出かける日本人は少なくないが、その多くが一週間、いや五日間程度が多いという。

カナリア諸島へはその後、出かけてはいない。当時四歳と二歳だった娘は、二十代の後半になった。家族で何回かハワイへは出かけた。ホテル代は一泊二万円近くはするから、カナリア諸島のように長期滞在はできない。そもそも、妻や娘たちのなかでは、カナリア諸島に滞在した記憶も薄れかけているような気さえする。

ただ僕の意識は少し違う。期間とか費用を一切考えず、カナリア諸島とハワイのどちらを選ぶかといわれれば、カナリア諸島を選ぶ。あの地味なリゾートは嫌いではない。物価はいまでも安いだろう。日本からは、かなり遠い島なのだが。

第5章

黒海・カスピ海沿岸地域

——宗教が交差する

ソ連邦の崩壊で複雑に絡み合うコーカサス地帯

コーカサス——。ヨーグルトを連想する人もいるかもしれないが、そのエリアはどこなのか……となると、世界地図に霧がかかってしまう人は多い。僕自身も、実際に足を踏み入れる前はそうだった。資料によると、コーカサス地方は、カスピ海と黒海に挟まれた地域ということになる。中央をほぼ東西にコーカサス山脈が走っている。北側が北コーカサス、南側が南コーカサスと呼ばれる。

北コーカサスには、チェチェン共和国、ダゲスタン共和国、北オセチア共和国などがあるが、すべてロシアに帰属している。ロシア領である。このエリアは、ロシアからの独立運動がくすぶっていて、旅行者が気軽に訪ねることは難しい。

第2章で、アストラハンからアゼルバイジャンのバクーに向かう列車旅を紹介している。途中、ダゲスタン共和国を通ったが、僕が乗った列車の前を走っていた貨物列車が爆破されている。

北コーカサスではチェチェン紛争が知られている。ソ連崩壊後、ロシアはチェチェンの独立を許さなかった。独立派の反抗がはじまり、エリツィンはロシア軍を送り、第一次チェチェン紛争が起きる。ロシア軍が中心都市グロズヌイを制圧し、一応の停戦にこぎつけたが、それから四年後、再び戦闘がはじまった。第二次チェチェン紛争である。プーチンはロシア軍をチェチェンに投入する。独立派はゲリラ戦とテロで応酬し、紛争は泥沼化していく。テロはモスクワや北オセチア共和国でも起きていく。モスクワのドゥブロフカ劇場占拠事件や北オセチア共和国のベスラン学校占拠事件を覚えている人もいるかもしれない。二回目の紛争はより悲惨なものになった。二十万人近くのチェチェン人が犠牲になったといわれる。その数はチェチェン共和国の人口の四分の一に達する。

いま、表面上は平静が保たれている。アストラハンからバクーに向かう列車に、外国人も乗ることができる。しかし民族と宗教が絡んだ紛争だけに、いつ火の手があがるのかわからない。

南コーカサスには、ソ連崩壊後、三つの国が誕生した。アゼルバイジャン、アルメニア、ジョージアである。ジョージアは以前、グルジアと呼ばれていた。コーカサス三国といえば、この三カ国になる。

地理的に見て似たような国に映るかもしれないが、これがなかなか曲者《くせもの》である。そもそもこの三カ国は宗教が違う。アゼルバイジャンはイスラム教徒が大多数を占め、ジョージアはジョージア正教、アルメニアはアルメニア正教の教徒が大多数を占める。正教とはキリスト教の一大グループで、東西教会の分裂によって生まれた。ローマ教皇のカトリック教会と正教会に大きくわかれたのだ。日本に多いのはカトリック教会で、そこから生まれたプロテスタントの教会も少なくない。

カトリックの世界にも明るくはないが、さらにその前の分裂によって生まれた正教となると、それ以上にわからなくなる。しかし旅をしていると、正教を信仰する人々の世界に足を踏み入れることになる。ロシアのロシア正教のタマネギ型の教会に向かう人々を目にするたびに、カトリックと正教の違いをわかりやすく解説している本を読まなければ……といつも思う。そしてその先にあるジョージア正教、アルメニア正教……。コーカサス三国とは、そういう世界なのだ。

綱渡りの国境越えが続く

はじめてアゼルバイジャンを訪れたのは一九九七年である。そのときは、トルクメニスタンのトルクメンバシからフェリーに乗り、カスピ海を横断して、首都のバクーに到着した。

トルクメニスタンの入国、そして出国は綱渡りだった。その原因は僕の強行策にもあったのだが。トルクメニスタンのビザは、手前のウズベキスタンでとるつもりだった。しかし、首都のタシケントにあるトルクメニスタン大使館の扉は固く閉ざされていた。警備員すらいなかった。困って電話もかけてみたが、着信音が空しく鳴るだけだった。ひとつの噂があった。トルクメニスタンにビザなしで入国しても、首都のアシガバードでビザをとることができるというものだった。信憑性への不安はあったが、それに賭けるしか先に進む方法はなかった。

タシケント駅から列車に乗った。トルクメニスタンの入国駅で国境警察に捕まってしまった。ビザがないのだから、当然だった。

「アシガバードでビザをとる」

という僕の主張は受け入れられなかったが、若い警察官は妙なことをいった。

「この兵士の後についてあの窓を乗り越えて外へ出ろ。俺がタクシーを呼んでくる」

「……？」

イミグレーションのオフィスに連れていかれると思っていたのだが、これからどうなるのかもわからなかった。外に出ると車が待っていた。若い警察官がすでに乗っていた。そして連れていかれた先は、警察官の家だった。

「友だちに頼めばビザがとれる。ただ、そいつにお礼を渡さなくちゃならない」

そういうことだった。提示されたのは八十五ドルと二万五千マナ。マナはトルクメニスタンの通貨で一ドルが約五千マナになる。つまりビザ代は約九十ドルである。本来のビザ代は二十ドルほどだった。当時のトルクメニスタンの給料は一カ月十ドルほどだった。

僕は警察官の家から一歩も出ることができなかった。軟禁である。警察官は僕のパスポートを手に出かけていった。部屋には奥さんと、まだ歩くことができない息子がいた。奥さんに散歩に出たいといってみたが、彼女は言葉がわからないといった表情をつくった。演技なのかもしれない。僕を絶対に外に出すなといわれている気がした。することもないから、幼い子どもと遊ぶしかなかった。

警察官はウォッカを手に戻ってきた。ビザが捺されたパスポートは夜には届くという。彼の友だちも集まり、ウォッカの一気飲み大会がはじまった。ビザを受けとっていないから、機嫌を損ねては……という思いが働き、ぎこちない笑みでつきあったが、このウォッカ代も僕が払ったビザ代から払われたと思うと、なんだか切なくなってくる。

ビザを受けとり、列車でトルクメニスタンを横断した。トルクメンバシからカスピ海を航行し、アゼルバイジャンのバクーに向かうフェリーがあった。その切符を買い、トルクメニスタンの出国審査を受けることになる。そこで僕のパスポートは引っかかってしまった。

「入国スタンプがない」

そう職員にいわれた。あたり前である。トルクメニスタンに入国してからとったビザだから、入国スタンプがあるはずはない。法外な金を受けとってビザをパスポートに捺した警察官は、そこまで気がまわらなかったのか。いや、入国スタンプを捺すセクションには顔がきかなかったのか……。しかし僕は嘘をつき通すしかなかった。

「入国したとき、イミグレーションにパスポートを出しましたけど」

最終的には見逃してくれた。入国も出国も綱渡りだった。

カスピ海をフェリーで渡った。アゼルバイジャンの入国にも不安があった。到着してからビザをつくることができるという情報が頼りだった。カスピ海に面したバクーの港にあるイミグレーションにそっとパスポートを出した。すると僕の名前などが書かれた紙きれを渡され、翌日、外務省にパスポートをとりにくるようにいわれた。そこでビザスタンプが捺されたパスポートを返すという。ホテルは、渡された紙を見せれば泊まることができるといわれた。

翌日、外務省に出向いた。受けとるための手続きや、市内の銀行でビザ代を振り込まなくてはいけない……など煩雑さはあったが、午後の四時にはビザを受けとる手はずになった。しかし外務省のビザセクションのドアは閉まっていた。その前に二、三百人の人だかりがあった。見ていると、ときどきドアが開き、職員が名前を呼んでいる。どうもビザの用意ができた人からなかに入れているようだった。名前が聞きとれなかったら受けとりが遅れてしまう……と、人をかきわけ、ドアに近づいていく。やはりそうだった。ドアの近くで三十分ほど待っただろうか。職員が顔を出し、

「ハポン」

といった。ハポン？　日本ではないか。ハイッ、ハイッと手を挙げ、ドアに近づいた。すると近くにいた男たちが何人も、

「ハポン、ハポン」

といって手を挙げたのである。

「おまえらのどこが日本人なんだ」

と髭面の男たちに向かって呟きながら前に進んだ。

後でわかったが、ビザを受けとるために外務省前に集まっていたのはイラン人やトルコ人だった。アゼルバイジャン人とのつながりが強い人たちだが、旧ソ連に組み込まれていたエリアではない。どこかのびやかな空気も感じとっていたが、平気でハポンと嘘をつくのには困った。

アゼルバイジャンは旧ソ連を構成する国だった。しかし旧ソ連時代の末期に、ナゴルノ・カラバフという、アゼルバイジャン西部のエリアで、アルメニアとの領土紛争が起きる。旧ソ連がアルメニアを支援したため、アゼルバイジャンでは、反ソ連への抵抗運動が起こった。

当時のゴルバチョフ書記長は、アゼルバイジャンにソ連軍を送る。アゼルバイジャン人民戦線はソ連軍との戦闘を続けた。黒い一月事件と呼ばれるものだ。翌一九九一年、旧ソ連の崩壊を受けて、アゼルバイジャンは独立するが、旧ソ連の状況に変化がなくても、独立への闘いは続いた気がする。コーカサスという一帯は、旧ソ連にしてみたら、いつ離れていってもおかしくない一帯だったのだ。

そのあたりが中央アジアとは違っていた。中央アジア諸国は、旧ソ連が崩壊しても、独立の気運はなかった。ナショナリズムの高まりもなかった。突然、「あなたたちは独立することになりました」と通告を受けたようなものだった。そういわれても……といったところだった気がする。社会のルールや習慣も旧ソ連時代のままだった。その後、少しずつ変わっていったのだが、アゼルバイジャンのそれは違った。宗主国から独立を勝ちとった国々の空気に似ていたように思う。

アゼルバイジャンの栄枯盛衰には

それを後押ししたのは油田だったのだろうか。旧ソ連からの独立闘争が泥沼化していったチェチェンも油田が絡んでいた。しかし独立が実現したアゼルバイジャンは、オイルビジネスを軸にテイクオフしていく。

二回目にアゼルバイジャンを訪ねたのは二〇一一年だった。十四年後ということになる。飛行機でバクーの空港に着いた。市内に向から車窓風景を目にしながら、しきりと首をひねっていた。

「こんな立派な街だったたっけ」

前回はカスピ海を渡って、バクーの港に着いた。そこは旧市街に近かった。郊外には近代的な建物が並んでいたのだろうか。いや、そういうレベルではない。バクーはこの十四年の間にビッグバンが起きたかのような思いに駆られてしまった。そもそも乗っている車のスピードが違う。時速百キロメートル近いスピードで空港からの高速道路を走っているのだ。

市内を歩きながら、戸惑いは溜め息へと変わっていった。

バージンタワーと呼ばれる塔にのぼってみた。十二世紀に建てられたものだという。当時はカスピ海に面していたはずだ。ここで敵の来襲を監視したのだろう。最上階まであがると、バクーの街を見渡すことができた。その眺めにまた溜め息をつく。いくつもの高層ビルが並び、建設中のビルも何棟かあった。そのひとつは船の帆のような形をした斬新なデザインだった。調べると「フェアモントバクー フレイムタワーズ」という高級ホテルだった。なんだかアラブ首長国連邦のドバイを眺めているような気分だった。

旧市街を抜け、政府庁舎の方向に歩いてみた。以前はなかったオフィス街のなかに迷い込んでいく。ビルが建ち並び、一階をエルメスやグッチのブランド店が占めている。しばらく進むと巨大なショッピングモールが出現し、一階のパソコンショップには、一台十万円を超えるラップトップ型のパソコンがずらりと並んでいた。これがバクー？　十四年の年月がすぎているとはいえ、なにか別の街にきてしまったような感覚だった。

はじめてアゼルバイジャンを訪ねたとき、このあたりで、一軒のレストランに入った記憶がある。薄暗い店だった。木製のテーブルが並んでいた。羊肉のハンバーグ風料理を食べた。横にコップに入ったヨーグルトが置かれた。訊くと、なにかけてもいいのだという。アゼルバイジャンでは、ヨーグルトをこうやって食べるらしい。なぜ覚えているかというと、あの頃、日本ではカスピ海ヨーグルトが話題になりかけていたからだ。

しかし時代を感じさせるような店はどこにもなかった。店内が明るいチェーン店が並んでいる。一軒のレストランに入ってみた。できあがった料理がトレーに並ぶ店だ。それを指させば注文ができそうだった。しかし並ぶ料理を眺めながら、首をひねっていた。アゼルバイジャンの料理には詳しくはないが、なにか雰囲気が違う。煮込んだ野菜料理が多かった。店の人に訊くと、やはりトルコ料理だった。本店はイスタンブールにあるのだという。景気のいいバクーに進出したということらしい。

そういえば、ここまでくる道すがら、ドネルケバブの店を二、三軒、目にしていた。これはトルコ風のケバブだった。串に肉を何層にも突き刺し、それを立てて水平に回転させる。そこを囲むように熱源がとりつけられ、その熱で外側から焼けていくというスタイルだった。注文すると、焼けた外側の肉をそぎ落とし、野菜などと一緒にパンに挟んでくれる。この種の店も、トルコからやってきたのかもしれなかった。

トルコとアゼルバイジャンは、兄弟にたとえられるほどだった。言葉も似ているのだという。アゼルバイジャンが好景気……と聞けば、次々とトルコから資本が流れ込んでくる。

ふたつの国の親密さを旅行者が感じとるのは、食べ物や言葉、人々の服装からだ。しかし、その背後では、もっと大きな資金が動いていると思っていい。

アゼルバイジャンはオイルバブルに沸きたっていた。カスピ海油田の石油である。アゼルバイジャンのオイルバブルは、二十世紀初頭にも起きていた。市内には当時のオイル成金たちの豪邸が残っている。しかしすでにロシアに編入されていた時代で、その後、ロシア革命に巻き込まれていく。オイルビジネスは鎮静化していった。

再び火がついたのは独立後だった。アゼルバイジャンからジョージアを通り、トルコの地中海に面したジェイハンの港までのパイプラインが完成したことがその要因だった。ロシアを通ることなくヨーロッパに石油が届くようになったのだ。安定供給を望む欧米諸国は、このパイプラインにすぐに反応した。アゼルバイジャンは、欧米の石油企業との間に協定を結ぶ。オイルマネーが一気に流れ込むことになった。

僕がバクーの変容ぶりに戸惑っていたときは、その協定が成立してから三年がたった頃だった。莫大なオイルマネーが、バクーの街をコーカサスのドバイへ押しあげようとしていた。

街は昼どきだった。黒っぽいスーツ姿の男たちがビルから次々に出てきた。OL風の女性たちもいる。はじめてバクーを訪ねたとき、街でスーツ姿など目にしなかった。いや、スーツを着た人はいたとは思うが、ビジネスマンが闊歩するような街ではなかった。コーカサスの小国の首都という空気に街は包まれ、近代都市という言葉はそぐわなかった。いまのバクーで働く人のなかには、トルコだけではなく、欧米からやってきたビジネスマンもいる気がした。すれ違うと、香水のにおいが鼻腔に届いた。

街がドバイに似ているのも頷けた。オイルマネーで潤う街は、どこも同じような顔になってしまうのかもしれない。

彼らの仕事は、オイル関連だけではないはずだった。流入する資金を元手に立ちあげられた企業で働く人たちだった。バクーに金融センターをつくる構想が動きはじめているとも聞いた。

それからしばらく、東南アジアを歩きまわる日々が続いていた。ロシアや中央アジアのウズベキスタンなどは訪ねる機会はあったが、その少し先のアゼルバイジャンに入国する日程はとれなかった。近隣国に滞在していても、バクーの話は耳に届かなかった。

ビルの建設がさらに進み、金融ビジネスが軌道に乗り、「コーカサスのドバイ」への道を着実に進んでいたら、周辺国の人々から、

「バクーはすごいらしい」

「バクーで働きたい」

といった、期待を含んだ言葉が聞こえてきてもよさそうだった。しかしバクーは静かだった。

改めて調べてみると、オイルマネーはアゼルバイジャンの経済を支えてはいるが、産油量はピークをすぎ、しだいに減少しつつあるようだった。

二〇一〇年には日産量が百万バレルを超えていたが、二〇一八年には七十九万バレルに留まっている。石油の産出量は将来の予測が難しいといわれるが、そのなかでカスピ海油田は枯渇に向かっているという分析もある。原油価格の下落も、アゼルバイジャン経済にとってはマイナス因子だ。

天然ガスの産出量が増えているともいうが、実際の産出量と資金の流れはまた別。投資に陰りがみえてきているという。アゼルバイジャンの経済成長率も低くなりつ

つあった。

資金が潤沢にあった時代に収益構成を多角化していく政策がうまくいかなかったということだろう。新しい産業を生みだすためには、年月が足りなかったのだろうか。コーカサスのドバイをめざしたバクーは足踏みが続いていた。

僕が見たアゼルバイジャンは、短期間のうちに一挙に盛りあがり、また再び民族問題が渦巻くコーカサスの小国に戻っていきつつある。そんな予感がしなくもない。

歴史に翻弄された小国アルメニアの処世術

コーカサスのふたつめの国はアルメニアである。アルメニアという国は、僕のなかでも存在感は薄かった。どこにあるのかもわからなかったのだが、それが唐突に現れたのは、コーカサスではなく、イスラエルだった。

以前、香田証生君という若者がイラクで殺害された。二〇〇四年のことだ。彼はイスラエルに入国し、そこからヨルダンに入り、イラクに向かった。イスラエルではエルサレムにも滞在していた。

僕もエルサレムを歩いた。彼の足跡を追っていた。二〇〇五年の春だった。エルサレムは四つのエリアに分かれる。イスラム教エリア、キリスト教エリア、ユダヤ教エリア、そしてアルメニア正教エリアだった。ひとつ、ひとつ、歩いてまわった。街は迷路のようで、いつの間にかアルメニア正教エリアに入っていた。四つのエリアのなかでいちばん静かだった。イスラム教エリアは、土産物店がぎっしりと並び、キリスト教エリアは信者で埋まっていた。それに比べれば、アルメニア正教エリアに店はなく、路地を歩く人もいなかった。優しいベージュ色の石が積みあげられた家々が並んでいたが、扉はどこも閉められ、人が住んでいるのかもわからなかった。しかしイスラム教エリアの騒々しさに辟易としていた僕にとっては、ほっとする一帯でもあった。

しかしなぜ、ここにアルメニア正教のエリアが……。そもそも、アルメニアがどこにあるのかもわからなかった。

後になって地図を開き、アルメニアの位置を調べると、トルコの東にあった。そしてなぜ、エルサレムにアルメニア正教のエリアがあるのか……と辿っていくと、時代は千七百年も遡ってしまった。普通、その街の歴史となると、二、三百年前といったところが理解が追いつく範囲だった。それより遡っていくと、「昔、昔、あるところにアルメニアという国がありました」といった世界に迷い込んでしまうのだ。

そう、四世紀、大アルメニア王国という大国があった。いまのアルメニアも、その一部である。その王国が、三〇一年、キリスト教を国教にした。世界ではじめてキリスト教を国の宗教にした国がアルメニアなのだ。

いまのアルメニア人にとって、エルサレムに自分たちと同じ教徒のエリアがあることは誇りなのだという。そこからアルメニア人のプライドが空まわりしはじめていると揶揄する人もいる。しかしキリスト教圏からは、はじめて国教として認めたことが一目置かれる理由であることはたしかだ。いまは見る影もないが、むげに扱うわけにもいかない存在……といったら、アルメニア人は怒るに違いないが。

大昔ついでにいうと、アララト山もアルメニア人にとっては聖なる山である。アララト山――。旧約聖書には、ノアの方舟が大洪水のあとに流れ着いた山があり、それがアララト山といわれている。コニーデ型の火山だ。僕はこれまで二回、この山を眺めたことがある。どちらもイランからトルコに抜けるルートで見ている。

イラン側から進むと、急な坂道をのぼり切った峠に、トルコとの国境が引かれていた。イランの出国、トルコの入国をすませると、目の前にどーんとアララト山が現れる。これはなかなかのシチュエーションだった。そしてそこにビールが加わる。イランは厳しいイスラム圏だから、ビールを飲むことはかなり難しい。しかしトルコは、同じイスラム圏でも、アルコールに対してはゆるい。トルコ側のイミグレーションの手前には免税店があり、そこにはしっかりとビールが売られていた。

アララト山の雄姿を眺めながら、缶ビールをプシューと開ける。なにしろノアの方舟の話の舞台である有名な山である。世界レベルでいえば、富士山よりは知名度は高いはずだ。その前でのビールは格別なのだ。

免税店に置かれているビールだから、もちろん冷えてはいない。しかしそんなことは問題ではなかった。二回とも、僕はパキスタンから陸路でイランに入った。そしてイランを縦断してトルコ国境に辿り着いた。ビールの味を忘れてしまうほどの旅を続けてきた。そんな乾いた体に、ぬるいビールはしみる。

話がビールに逸れてしまったが、このアララト山もアルメニア人にしたら……いや、正確に話を進めなくてはいけない。読者は首を傾げながら読み進めていたのかもしれないが、いま、アララト山はトルコ領内にある。アルメニア国境から三十二キロメートルもトルコに入り込んでいるわけだ。

また大アルメニア王国の話なのだ。かつて、アララト山は大アルメニア王国にそびえていたのだ。その後、トルコの領内になってしまった。しかしアルメニア人にとって、アララト山は聖なる山である。このあたりが、いまのアルメニアが置かれた状況を切ないほどに物語っているわけだ。

大アルメニア王国はやがて衰退し、オスマン帝国、そしてペルシャが勢力を増していく。オスマン帝国はいまのトルコ、ペルシャはイランである。そこに挟まれるようにして存続するアルメニアの苦難がはじまるわけだ。

時代はくだって十七世紀。アルメニアはついに分裂してしまう。オスマン帝国側のアルメニアとペルシャ側のアルメニアである。トルコ側に組み入れられてしまったアルメニア人は強く抵抗する。そして起きてしまったのがアルメニア虐殺である。そのきっかけをつくったのはロシアだった。トルコとの戦争に勝ったロシアは、コーカサス地方への影響力を強めていく。トルコ側のアルメニア人を支援したことから、オスマン帝国側のアルメニアで、民族運動が盛りあがっていくのだ。そこでイスラム教徒とアルメニア人の衝突がおきてしまう。それを鎮圧するためにオスマン帝国は軍隊を動員することになる。それがさらなる犠牲を生み、アルメニア人虐殺まで進んでしまった。その死亡者は百万人から百五十万人といわれている。

この虐殺は、アルメニアとトルコの間に、深い傷跡を残してしまう。その後の交渉のたびに、悪夢のように浮かびあがってくるのだ。

なんだか歴史談義のようになってしまっているが、それがアルメニアという気がしないでもない。アルメニアは現代国家の顔をもっているし、若者はアルメニアの将来に敏感だ。しかし前に進もうとすると、歴史のなかに刻まれた犠牲とプライドがじゃまをしてしまう。それが重すぎる。

アルメニアはロシアで起きた革命を受け、旧ソ連に組み込まれていく。しかしその末期、ナゴルノ・カラバフ紛争が起きる。アゼルバイジャン内でアルメニア人が多く住むエリアがあった。彼らはそこをアルツァフ共和国という独立国だと宣言しているが、世界的に認められているわけではない。領土紛争なのだから、基本的にはアルメニアとアゼルバイジャンの紛争になるのだが、アルメニアはそうはいかない歴史を背負っていた。アゼルバイジャンはもともとトルコに近い国だ。そのあたりは、カスピ海油田が生んだバブルの話を思い起こしてほしい。アルメニアとアゼルバイジャンが対立するとなると、当然、トルコはアゼルバイジャンを後押しすることになる。

トルコ……と聞くと、アルメニア人のなかには、聖なるアララト山の土地を奪い、百万人以上が殺された虐殺が浮かんできてしまう。そこに入り込んできたのが旧ソ連だった。アルメニアに肩入れすることで、影響力を強めようとする。

それはある意味、わかりやすい構図だった。アゼルバイジャンとトルコ勢力、そしてアルメニアと旧ソ連という、ふたつのグループの衝突だった。しかし、旧ソ連の崩壊という大きな流れが、この紛争を複雑なものにしてしまう。旧ソ連はアゼルバイジャンに軍を投入する。アゼルバイジャン人民戦線は抵抗を続けた。対してアルメニアは、旧ソ連の支援を受けていく。ところがそのソ連が崩壊してしまうのだ。そしてアゼルバイジャンとアルメニアは独立することになる。いったいどうしたらいいのか。アルメニアとアゼルバイジャンは戸惑った気がする。

僕がアルメニアを訪ねたのはそれから十数年がたったときだった。二〇一一年である。アルメニアに向かったきっかけは、アルメニアとトルコの国交が樹立したというニュースだった。二〇〇九年の十月のことだった。国境は開かれ、運休していた国際列車も動きはじめると報じられていた。

そのとき、ユーラシア大陸の東端から西端まで、列車で旅をするという企画がもちあがっていた。ロシアから中国に入り、中央アジアを西に向かっていったとき、唯一、列車が運行していない区間があった。それがアルメニアとトルコの間だった。かつてこの区間を列車が走っていたのだが、ナゴルノ・カラバフ紛争が尾を引いていた。その列車が再開されれば、ユーラシア大陸の列車旅がつながるのだ。

しかしいくら待っても、その続報は届かなかった。待ちきれずに旅に出てしまった。そしてアルメニアへ。運休したままの駅を見ておきたかった。

　隣国のジョージアから列車でアルメニアに入った。首都のエレバン行きだったが、その手前のギュムリで降りた。かつてトルコに向かう列車は、この駅から発車したからだった。

　ギュムリに到着したのはまだ暗い早朝の四時半だった。明るくなるのを待ち、駅前のタクシードライバーと交渉をはじめた。僕は国境駅を見てみたかったのだ。しかし言葉はほとんど通じなかった。ひとりのドライバーが、英語がわかる知人と携帯電話をつないでくれた。その男性を介して、もどかしい交渉が続いた。

　タクシードライバーたちは、国境駅への反応は鈍かった。なにしろ両国は一九九三年に国交を断っていた。訪ねたとき、すでに十八年がたっていた。駅の記憶がドライバーの頭のなかから消えかけていた。国境と駅……それぞれの単語は通じたようだったが、国境駅を理解してくれたのかどうかわからないまま、僕はタクシーに乗り込んだ。気のよさそうなおじさんドライバーは、南西に向けてアクセルを踏んだ。

しばらく進み、脇道に入った。未舗装の道を進むと牧場に出た。のどかな風景が広がっていた。おじさんドライバーは車を停めるとこういった。

「国境」

「はッ？」

彼が指さした方向を見ると、牛が逃げないようにつくられた柵があるだけだった。不審げに牧場を眺める僕の表情を察したのか、少し左側に視線を向け、ひとこと、こういったのだった。

「ロシア」

「ん？」

目を凝らすと、そこに塹壕があった。コンクリート製の天井をつけ、上から草をかぶせてあるが、そのすき間に焦点を集めると銃が見えた。銃口はこちらに向いていた。やはりドライバーは、国境駅を理解していないような気がした。まじめに国境まで連れてきてくれたのだが、そこはとんでもない場所だった。

ドライバーはそんなことは気にもしない様子で、右手の先を指さした。そこには戦車まで待機していた。草むらから主砲の部分がのぞいていた。ここはたしかに国境に近かったが、両国の緩衝地帯の境界のようだった。この先にはトルコ軍の兵隊がいるのだろう。

車はさらに南に進んだ。首都のエレバンに向かう鉄道とアフリャン川に挟まれるようなエリアに道がつくられていた。ドライバーはなにを思ったのか、車を道の脇に停めた。丘陵に廃墟になった家や壁が崩れた教会が見えた。

道路脇に立ったドライバーは、

「トルコ、シュルシュル、ボン」

と身ぶりを加えて説明する。トルコ側からの砲撃で村が破壊されたことを伝えたいようだった。道の反対側を見ると、そこに家や教会が建っていた。かつての村を放棄し、新しい村をつくったようだった。ナゴルノ・カラバフ紛争当時のものだった。しかし、ナゴルノ・カラバフのエリアは、アルメニアの東側である。アゼルバイジャンに囲まれた土地だ。いま、僕が立っている場所から眺めるとかなりの距離がある。この紛争でトルコはアゼルバイジャンを援護した。僕はてっきり、ナゴルノ・カラバフ地方側でアルメニアを攻撃したのだと思っていた。トルコはアルメニア西部にも圧力をかけていたのだ。

さらに南下した。脇道を入っていくと、その先にゲートが見えた。見張り塔まであり、そこには銃を構えたロシア兵がいた。ドライバーは、ゲートの脇にいた兵士と話をして戻ってくると、手で判を捺すしぐさをした。この先は証明書がないと入ることができない、といっていることはすぐにわかった。ここがトルコに向かう道のようだった。緩衝地帯に入るのだから、それなりの許可が必要なことは当然だった。しかし僕はそこまでは頼んでいなかった。国境駅に行きたいと伝えたかったのだが。

英語がわかるドライバーの知人に電話をかけてもらった。国境ではなくて国境駅……と再度、確認した。車はここまで南下してきた道を戻りはじめた。そしてギュムリの街に戻り、そこにあった線路に沿った道に入った。まるでその道を知っているかのように。

その瞬間、彼らは僕に見せたかったのではないか……そんな気がした。たしかに国境駅が閉鎖されてから長い年月がすぎていた。はじめはドライバーたちも、その場所をすぐに思い起こすことができなかった。しかし、知人らの間で話をしていくうちに、皆、その場所がわかってきた。

彼らはタクシーに乗る僕の顔つきから、あることを読んだのかもしれない。アルメニアにやってくる観光客はそう多くはないはずだ。それも首都のエレバンではなく、ギュムリ駅で降りた東洋人がふたり。ひとりはカメラマンのようなバッグを肩にかけている。普通の観光客ではないことはわかったはずだ。彼らに、アルメニアがトルコから受けた攻撃跡を見せることは意味がある。彼らは国境も国境駅のことも、はじめからわかっていたのかもしれない。

国境駅の線路は草に覆われていた。その上にクレーンが見えた。アルメニアの鉄道は、ロシアと同じ幅だった。広軌と呼ばれるものだ。しかしトルコはヨーロッパと同じ標準軌だから、線路の幅がやや狭い。かつてはこの駅で、列車の台車をつけ替えていたはずだった。そのためのクレーンだった。見ると、クレーンの鉄柱は、途中までペンキが塗られていた。国交樹立の報を受けて、修理をはじめたのかもしれない。しかし、いっこうに進まない交渉を前に、途中でやめてしまった気がした。

ドライバーたちは、トルコが攻撃した現場を見せたかったのかもしれないが、そこには警備にあたるロシア兵もいた。アルメニアは、国の安全保障の面でロシアに頼っていた。ロシアが駐留することで、このあたりのパワーバランスは保たれていた。トルコからアルメニアを守るという大義は、沖縄に駐留するアメリカ軍に少し似ていた。

しかしこのエリアの安定は、そう簡単なことではない。アルメニアは海のない小国だった。物資の多くは、次に紹介するジョージアから運び込まれていた。しかしそのジョージアが、しだいにロシアから離れつつあった。もしここで、ジョージアとロシアが激しく対立してしまうと、アルメニアへの物流が止まる。トルコとの国交樹立へのアプローチには、そんな伏線もあったようだ。

ロシアとの距離を置き、EUという欧州連合に近づいていくか。あるいは、ロシアとの関係を保ち、ロシアが主導権を握るユーラシア経済連合に加わっていくか。

これは旧ソ連から独立した国々の大きな選択肢だった。ロシアから離れていくことは、さまざまなロシアからの圧力に対抗することを意味したから、安易に決められることではなかった。

ロシアから離れていくことを表明しているのは、ウクライナとジョージアだった。逆にユーラシア経済連合に加盟したのが、カザフスタン、ベラルーシ、キルギスである。

そのなかでアルメニアはどう対応していったのか。ある情報によると、アルメニアはEUと協定を結ぶ準備を進めていたという。ウクライナやジョージアの路線である。しかしロシアから方針転換を暗に促されたという。その手法は露骨で、ナゴルノ・カラバフ紛争で敵対するアゼルバイジャンに武器供与の動きをみせたり、燃料の値あげや、アルメニアの政党の切り崩しにも動いたという。ロシアにしたら、トルコ国境を守り、安全保障に貢献しているというのに、EUに向かうとは……といったところだったのだろうか。

そしてEUとの協定は、土壇場になって覆り、ユーラシア経済連合に加盟することを宣言するのだ。それが二〇一三年のことである。

その後のアルメニアの政変は、このユーラシア経済連合に加盟するときの混乱が要因にもなっている。いま、首相を務めるニコル・パシニャンは、かつて、「ユーラシア経済連合には強要されて加わった」と暴露した人物である。やがて彼が、「ビロード革命」と呼ばれる社会変革を起こすことになるのだ。

しかしアルメニアは、EUに秋波《しゅうは》を送っているともいわれる。トルコ、イラン、そしてロシアに挟まれた小国の処世術といったところだろうか。歴史を辿ればプライドも頭をもたげてくる。その舵とりは難しい。

もっとも西欧に近いジョージアという独立国

コーカサス三国の最後の国、ジョージア。この国は、アゼルバイジャンやアルメニアとはまったく別の顔を見せる。かつてこの国はグルジアと呼ばれていた。グルジアが国名を変えたのではなく、日本が呼び方を変えた。どことなく欧米っぽい国名で日本人が呼ぶようになったことに、ジョージアの人々は満足げに反応するような気がする。

二〇一一年に訪ねたとき、ロシアからアゼルバイジャンに出、バクーから列車でジョージアの首都、トビリシに着いた。列車にこだわった旅だった。駅前の食堂で、名物だといわれた水餃子を食べた。ロシアではペリメニと呼ばれ、ときどき食べていた。そこからはロシアに近い国という空気が伝わってくる。旧ソ連のスターリンも、このジョージア出身である。食堂を出、スーパーに入った。列車旅は続いていて、車内用の食糧を調達するためだった。スーパーのなかをくまなくまわった。知らない国のスーパーは、商品を置く場所が違うから、見落としているかもしれない。店内を三回もまわった。

「……ない」

なかった。僕が探していたのはカップ麺だった。ロシアの長い列車旅を支えてくれたのがカップ麺だった。ロシアの列車には、必ず給湯器があった。紅茶文化圏であるロシアのサモワール、つまり給茶器の伝統のように思う。それを僕はカップ麺の湯に使い、列車旅の単調な食事を補ってきた。パンやチーズだけでは飽きてしまうのだ。ロシアのスーパーには必ずカップ麺が置かれていた。日本のカップ焼きそばのような容器が多く、スープの味もコンソメ系で、日本のそれとはだいぶ違っていたが、カップ麺はカップ麺である。カップ麺はアゼルバイジャンのバクーのスーパーにはあったが、トビリシのスーパーには……。

日本から西に向かって進む道は、麺ロードでもある。中国は麺大国である。朝から麺を食べる。そこから西に向かうとしだいにイスラム色が強くなっていく。回族と呼ばれる漢民族のイスラム教徒がつくってくれることが多い蘭州拉麺、新疆ウイグル自治区に入るとウイグル麺と日本人が呼ぶまぜ麺をよく食べる。そして中央アジア。ここにはラグマンという麺料理が存在感を発揮している。さらに西。アゼルバイジャンまではカップ麺があった。

「麺文化はアゼルバイジャンまでってことだろうか……」

スーパーの陳列棚を眺めながら呟くことになる。

麺文化が消える——。それはひとつの象徴だった。ヨーロッパに入った。トビリシの街を歩いていると、その感覚が伝わってくる。

ロシアという国は、ウラル山脈を境に、アジアとヨーロッパにわかれる。文化的には、モスクワやサンクトペテルブルグのあるヨーロッパロシアが中心になる。たとえば日本に近いロシアの都市ということでウラジオストクに行く。中心街を歩き、レストランに入る。たしかに街の風景はヨーロッパで、レストランのメニューはヨーロッパ風である。日本で売りだされているパッケージツアーの謳い文句は、「日本からいちばん近いヨーロッパ」である。しかしこのキャッチフレーズを実感するのは、日本からまっすぐにウラジオストクに行ったときだけだろう。仮にヨーロッパから、ウラジオストクに直接入ったら、

「ロシアだなぁ……」

と呟くはずである。ヨーロッパロシアとヨーロッパはそれぐらい違う。

トビリシでヨーロッパに入ったな……と直感したのは、ヨーロッパロシアの世界ではない。東欧から西欧に広がるヨーロッパである。驚くほど通じる英語を耳にしていると、東欧というより西欧に近いような気になってくる。

しかし西欧はまだまだ遠い。ジョージアの西には黒海がある。その南にあるのがトルコで、北側はウクライナだ。その西に東欧がある。人によっては、ジョージア

を東欧に含める人もいる。ジョージアの人の大多数が正教会であるジョージア正教会に属している。東欧もカトリックとは違う正教会が多いから、そのグループという発想かもしれない。しかし東欧とはだいぶ離れているから、仮に東欧に含めるとすれば飛び地のような存在の国になる。

隣国のアルメニアも正教会の国だが、なぜか東欧のひとつとはいわない。やはりロシアに近いからだろうか。そこにいくとジョージアは、東欧の空気がそこはかとなく伝わってくる。この国で感じとるものは、東欧よりさらに西の西欧なのだ。しかしこの空気が、ジョージアが抱える問題の原因でもある。

その日は日曜日だった。僕はトビリシのホテル近くを歩いていた。とくに目的地があったわけでもなかった。日本でいえば児童公園のような規模の公園があった。そのなかでちょっとしたイベントが開かれていた。中央に二十個ほどの椅子が並べられ、そこに風船を手にした子供たちが座っていた。周りに立っているのはお母さんたちだろうか。これからゲームでもはじまるのかもしれない。

その人だかりを囲むように、子供たちが描いた絵が展示されていた。二、三十点はあっただろうか。それぞれがイーゼル（画架）の上に置かれている。何枚かの絵を観た。どれも戦争が描かれていた。戦車から逃げようとする人々や戦闘機……。一枚の絵には、英語の文字が書かれていた。

「ＳＴＯＰ　ＲＵＳＳＩＡ」

つい周囲を見まわしてしまった。この集まりは、子供たちのゲーム大会などではなかったのだ。ロシア軍に対する抗議集会だった。その時期、南オセチアにロシア軍が駐留していた。

ジョージアから発信される戦争の話をはじめて見聞きしたのは一九九〇年代が終わろうとする頃だった。知りあいの桃井和馬カメラマンから、首都のトビリシのイヴェリアホテルの話を聞いた。難民が占拠してしまったホテルだった。彼の写真集にも掲載されていた。場所はトビリシ駅からそう遠くない場所のようだった。周囲に高い建物はなく、ぽつんと十数階ほどのビルが建っていたが、ベランダには洗濯物がひしめいていた。かつては高級ホテルだった気がする。そこで難民たちが暮らしていたのだ。

アブハジア問題だった。話はジョージアが旧ソ連だった時代に遡る。ジョージア出身のスターリンは、アブハジア人のジョージアへの同化政策を進めた。その流れのなかで旧ソ連は崩壊する。ジョージアは独立する。アブハジアはジョージアの領土という形になったが、一九九二年、ジョージアとアブハジアは衝突することになる。内戦である。

話を複雑にしたのは、アブハジアの北にあるチェチェンの存在だった。ロシアからの独立をめざすチェチェンとアブハジアは近づいていく。ロシアはジョージアと敵対するアブハジアを支援していく。その後、ロシアはチェチェン紛争という泥沼にはまっていくのだが、この時期、アブハジアを通してチェチェンを支持するという構造になっていた。

ジョージアとアブハジアの内戦で、三十万人を超えたともいわれる難民が生まれた。彼らがトビリシのイヴェリアホテルを占拠していたのだ。ジョージアに流出したアブハジア難民は、国内のいくつかのホテルで暮らしていたという。

はじめてジョージアを訪ねたとき、トビリシの滞在時間は長くなかった。一泊もせずに、トルコに向かうバスに乗り込んだ。それでもトビリシ駅近くにあるイヴェリアホテルに向かった。桃井カメラマンが写真集に載せた写真と同じような風景が、目の前に現れた。当時、このホテルはトビリシの名所にもなっていた。

あの頃から二十年以上の年月がたったが、アブハジア問題は解決していない。アブハジア共和国として独立国の形をとっている。一応の首都はスフミである。といっても承認している国は、ロシアやベネズエラなど五カ国ほどにすぎない。ジョージアはもちろん独立を認めず、アブハジア自治共和国としている。

ジョージアはもうひとつの紛争を抱えている。南オセチアである。アブハジアは黒海に面したエリアだが、南オセチアはトビリシの北西で、北側がロシアに接している。

南オセチア紛争はジョージアの独立がひとつの契機になっている。それ以前は南オセチア自治州だったが、ジョージアが独立し、自治州がなくなってしまった。これに反発した南オセチアの人々が自治権を要求し、独立を主張していく。その後しばらくは小康状態が続いていたが、二〇〇八年、ジョージア軍が南オセチアに侵攻する。それにロシアが反応し、実際はジョージアとロシアの戦争になった。南オセチアやアブハジアの軍隊も加わったが、ロシア軍に比べればその戦力は少なかった。紛争は南オセチア、つまりロシア側の圧倒的勝利で終わった。ジョージア軍は南オセチアから撤退した。その後、両国は停戦に合意する。南オセチアもアブハジア同様、独立することになるが、それを承認する国は少なかった。この紛争を、欧米サイドは、ロシア軍の侵攻とみていた。ロシアはジョージアの背後には欧米がいると非難する。張り合うふたつの勢力のなかで、南オセチアは独立しているという危うい状態がいまも続いている。

ロシアと旧ソ連から独立した国々との軋轢はウクライナでも起きている。二〇一四年に起きたクリミア危機である。発端は、首都キーウで、ロシア派の住民が独自の市長を選出したキーウ動乱だった。やがてロシアを支持する人が多いクリミアで、ロシア編入を決める住民投票が行われる。当然、編入支持は圧倒的多数になり、クリミア議会はウクライナからの独立とロシアへの編入を承認した。

クリミア危機は、ロシアとウクライナの衝突だった。多くの欧米諸国が、クリミアのロシア編入を非難し、経済制裁を発表していく。

ことさらジョージアとウクライナに肩を入れるわけではないが、紛争の経緯を丁寧に辿ってみると、プーチン政権の強権ぶりが浮きあがってくる。しかし国内の秩序を維持し、諸外国からの批判にも屈しないイメージは、ロシア国民から一定の評価を得ていることはたしかだった。とくにクリミア問題は多くの支持を得ていると いう。領土問題は評価に直結する。そうでなければ、経済制裁と、それに起因するルーブル安に国民が耐えられない気がする。

それに反比例するかのようにジョージアとウクライナは西側、つまりEUに傾きつつある。

キーウの街には何回か泊まったことがある。ジョージアへ向かうLCCを調べていくと、キーウ経由の便がよく出てくる。そこから西側に向かう便も多い。やはりジョージアとウクライナはさまざまな面で連携を強めているのだろう。キーウでは市内のキーウ駅近くの中級ホテルに泊まることが多い。とりたてて問題はないのだが、その言葉やシステムから伝わってくるのはロシアのにおいである。モスクワやウラジオストク、イルクーツクなどで泊まる宿によく似ている。

そこへいくと、ジョージアのトビリシは違う。中級ホテルのフロントに立つと、ロンドンやアムステルダムの駅に近い安宿を思いだしてしまう。ロビーは狭く、小さなフロントでチェックインを受けつけてくれる。部屋も西欧風だ。ロシアとの関係が悪くなり、ことさら西欧風に……といって建てられたホテルではない。築三十年、四十年といった宿だ。独立以前からあったのかもしれない。その頃すでに、ロシアとは違う世界があったことになる。

トビリシの宿に荷物を置き、街に出てみる。どの店も混みあっていた。客のなかには、西ヨーロッパからやってきたような若者グループが目立つ。

「八時からパーティーで貸し切りだけど、それまでなら」

一軒のレストランバーに入った。カウンターに座り、ビールを頼む。ロシアの地方都市でもビールはよく飲まれるが、こういうカウンターに座るスタイルは……と思い返して、一回もなかったような気がした。モスクワやサンクトペテルブルグにはあるのだろうか。注文をとりにきたタンクトップ姿の女性は、まるでネイティブではと思わせるような英語を操る。豚肉のハンバーグもどきにフライドポテトを頼んだ。カトリックとは違うが、キリスト教圏だから、豚肉は普通の食材である。アゼルバイジャン、その北のチェチェン一帯はイスラム教圏だから、豚肉料理は久しぶりだった。ハンバーグの肉はぱさついていて、それをビールで胃に流し込む。

この感覚……。アメリカの安食堂だった。

隣に六人のグループ客がいた。会話はドイツ語だった。訊くとミュンヘンから遊びにきたという。

「LCCだから安いし、トビリシの物価はドイツの五分の一ぐらい」

ジョージアは西ヨーロッパの若者にしたら、週末の遊び場ということだろうか。

一部の話なのかもしれないが、日本人の間でもジョージアがいい……という旅行者がいる。食べ物などの生活スタイルが日本に似ていて、旧ソ連から独立した国のなかでは最も英語が通じることが大きい。そして物価が安いこと。それはトビリシに滞在してみると実感する。ゲストハウスやホステルクラスなら五、六百円。ホテルでも中級クラスが千五百円ほどだ。ビールはジョッキ一杯が百円もしない。しかし、ジョージアが旅行者の間で人気になったのは、日本人ならビザなしで一年間の滞在が可能ということだった。これだけ長い期間、許可してくれる国は思いあたらない。日本からは距離があるが、アジアよりはるかに安い旅が実現する。一年の滞在許可の裏には、西側社会とのつながりを強めたいという反ロシアへの思いがにじんでもいるのだが。

翌日、ナリカラ要塞にのぼってみた。天気のいい日だった。ロープウェイもあったが、坂道を歩いた。丘の上の要塞からトビリシの街を見おろすことができた。街の中央をクラ川が流れている。平和橋も見える。夜になると、観光客はライトアップされた橋をバックに写真を撮るのだという。

山に囲まれた信州で育ったためか、内陸の川のまわりに広がる街を眺めるとほっとする。小学生の頃、長野市に住んでいた。家の近くを裾花川という川が流れていた。信濃川の支流である。この川は朝日山を削るように流れくだっていた。小学生の頃、よくこの山の中腹までのぼり、長野市の市街地を眺めていた。

ナリカラ要塞跡の周囲を歩きながら、なぜか朝日山を思い出していた。トビリシの街はロシアとの領土問題に揺れていたが、その反動のように、EUに近づこうとしていた。トビリシに育った少年は、クラ川を眺めながら、西欧やアメリカに渡る将来を夢描いていたのかもしれない。そしてもし、その願いが現実のものになり、明日、国を出る飛行機に乗るという日も、ナリカラ要塞にのぼるような気がするのだ。

「行ってきます」

そう心のなかで呟く。トビリシの街にはそんな雰囲気があった。それは山に囲まれ、クラ川を囲むような街の地形のせいなのかもしれない。それが信州で育った僕の意識にシンクロする面はある。しかしそれ以上に、この街が秘めた歴史や、社会主義というものに翻弄された近代が横たわっている気がする。

トビリシは古い交易の街である。その歴史は紀元前に遡ってしまう。その重さと現実。ナリカラ要塞から眺めるトビリシは、ひっそりと静まり返っていた。

あとがきに代えて——コロナ禍のギリシャを歩く

コロナ禍のなかでヨーロッパに行こうとしたとき、やはりギリシャが気になった。僕にはいちばんしっくりとくる国だった。しかしこの国にも新型コロナウイルスは襲いかかっていた。特別に感染者が多い国ではなかった。ヨーロッパのなかでは平均的な感染率だった。僕は毎日のようにギリシャの入国制限をチェックしていたから、感染状況も把握していた。

世界の入国制限は欧米型とアジア型に大別できた。欧米は緩く、アジアは厳しい……という傾向ははっきりしていた。欧米、とくにイギリスやスウェーデンはいたずらに制限せず、日常生活を維持する方針をとった。その背後には集団免疫理論もあった。ウイルスは一定の割合以上の人が免疫をもつと感染が広がらなくなるという疫学上の理論だった。一定の割合は一般に六、七割といわれていた。この方針はやがて変更されていくが、底を流れていたのは、必要以上に怖がらないという考え方だったように思う。

僕はこの発想が気に入っていた。集団免疫理論には科学のにおいがした。ペスト、スペイン風邪……。人類は何回もパンデミックを経験していたが、怖がっているだけではなんの進化もない。今回はなんとか大感染を抑え込めないだろうか。少なくともトライしてみる意識は必要だと思った。

しかしアジアの国々は神経質だった。立ち向かう以前に、ただ怖がった。ウイルスが侵入すると、国民全員が死んでしまうかのような空気のなかで入国制限を強めていった。

ギリシャのそれは、イギリスやスウェーデンほど明確な方向は示さなかったが、おおむね欧米の流儀に沿っていた。唯一違うのは抜き打ち検査だった。入国する人たちが入国審査を受けようと進んでいく。その途中で、「はい、あなた」といった感覚で呼び止められ、その場で感染していないか検査を受けなくてはならなかった。

結果が出るまで、どのくらいの時間がかかるのか書かれてはいなかったが、仮に簡易検査で陰性だったとしても二、三時間はかかる。抜き打ち検査の対象になるのは五十人にひとりほどの割合のようだった。乗り継ぎ便がある場合はどうなるのだろうか。逆に乗り継ぎ便があれば、仮に抜き打ち検査にあたってしまっても検査が免除されるのかも……などとパソコンのモニターを見ながら考えてしまった。

抜き打ち検査をのぞけば、ギリシャの入国条件はワクチン接種証明だけだった。アジアのようにPCR検査の陰性証明や隔離の必要はなかった。僕は英訳されたワクチン接種証明をつくった。

もうひとつ、Passenger Locator Form が必要だった。ギリシャの日本大使館のサイトでは旅行者追跡フォームと訳されていた。どう追跡するのかはわからなかったが、これはギリシャ政府のウェブサイトでオンライン登録するものだったが、その内容は健康チェックに似ていた。健康状態のアンケートやワクチン接種日、新型コロナウイルスに感染した人はその時期を入力する。その後、返信される内容をプリントして持参するというものだった。こういう登録を課す国は多かった。ギリシャ独自の方法というわけではなかった。

つまり必要なのは、ワクチン接種証明とPassenger Locator Formだけだった。制限は緩かった。行けそうだった。アジアが入国後の隔離を行っている時期だった。僕はギリシャのアテネに向かう飛行機に乗った。

アテネの空港の様子は、アジアのそれとはずいぶん違っていた。空港に到着し、イミグレーションに向かって通路を進んだ。抜き打ち検査の声がかかるとすれば……と周囲を見まわしながら歩いていくと、イミグレーションのブース前に出てしまった。前後を歩いていた乗客たちも声をかけられている人はいなかった。実際はやっていないのかもしれない……などと考えながら、パスポートとプリントしたPassenger Locator Formを入国審査ブースのカウンターに出した。なにも訊かれなかった。あっさりとギリシャに入国できた。僕はタイからやってきたから、EUにはギリシャから入ることになる。昔は滞在日数など訊かれた気もするが、それもなかった。

僕は今回、パロス島に行こうと思っていた。エーゲ海の島は、以前に訪ねたエギナ島しか知らなかった。この島はアテネから高速船に乗れば二時間もかからない近さで、日帰り客も多かった。エギナ島には一泊した。夕方、日帰り客が帰ると、島に静けさが戻ってきた。アテネに比べると気が抜けるほど素朴な田舎だった。夕方、海沿いの食堂に入ったが、昼間、しっかり稼いだからといった空気に支配され、店員たちはもうやる気がなかった。追加の注文をとりにくるわけでもなく、いつまでも放置しておいてくれた。

あの島の空気のなかでゆっくりしたかった。コロナ禍で僕の仕事は激減した。海外を主なフィールドにした旅行作家は、旅をとりあげられてしまった。時間に余裕ができてきたというのに、焦燥感に苛まれていた。いつ感染が収束するのかもわからないなかで、ただ焦っていた。エーゲ海にいけば……。

それは淡い期待でもあった。サントリーニ島やミコノス島といった映画のロケ地になるような有名な島には行きたくなかった。そこではコロナ禍で観光客が減った現実を見せつけられるような気がした。できるだけ知られていない島……。ネットに「少ない観光客」、「穴場」といった文字を入力し、島を探していった。しかしあまりに無名で人口が少ない島になると辿り着くのも大変になる。そんなネットサーフィンのなかでみつけたのがパロス島だった。観光客はそれほど多くないが、アテネから飛行機が飛んでいた。

アテネの空港のなかの、国内線のチェックインカウンターをめざした。アジアの首都にある空港に比べたら、アテネの空港はこぢんまりしている。パロス行きの飛行機のチェックインカウンターはすぐにみつかった。

パスポートとPassenger Locator Formをカウンターに差し出した。するとスタッフは、パスポートを開くこともせず、ワクチン接種証明を……といった。

「Passenger Locator Formにとり込みましたけど」

というと、

「ワクチン接種証明の原本が必要なんです」

鞄のなかにある杉並区から送られてきた英文の証明書を探した。それを渡すと、スタッフは証明書を舐めるように点検する。その視線には緊張感があった。周囲を見まわしてみた。チェックインする人はスマホにとり込まれたQRコードを見せている。それが接種証明だった。日本はそこまでのサービスはなかった。海外に向かう人は少なく、国内移動も制限を加えている。QRコードへの需要はあまりないと思っていたのかもしれない。やがてわかってくるのだが、それが日本、いやアジアとヨーロッパの違いを知らされるはじまりだった。

すんなり入国できたことで、ギリシャの制限は緩い気がしたが、国内線のチェックインカウンターの空気は少し張りつめていた。しばらくすると、スタッフはふいに顔をあげた。

「オーケーです」

ホッとした。

しかし小型のプロペラ機で到着したパロス島で、僕は再びワクチン接種証明の洗礼を受けることになる。パロス島の店は港の周りに集まっていた。そこにあるパソコンやスマホを売る店でギリシャのシムカードを買おうと思った。入口でワクチン接種証明の提示を求められた。アテネの空港の件もあり、Passenger Locator Formでは通用しないかと思い、紙のワクチン接種証明書を差し出した。スーツ姿の男性は戸惑った様子で受けとった。ギリシャ人は皆、QRコードを示し、それを読みとって入店を許可していたのだろう。突然の紙の証明書に視線を落とし、入店を許してくれた。

翌日、僕は島の北端までバスで行ってみようと思っていた。バスの時刻を調べようと、港の脇にあるバスターミナルに向かった。時刻をメモし、水を買おうと、ターミナルの向かいにある売店に入った。冷蔵庫からペットボトルを一本とってレジに向かった。するとそこでもワクチン接種証明書の提示を求められた。

「ここでもか……」

証明書を出すと、QRコードがないといわれた。困ってPassenger Locator Formを出すと、それで水を売ってくれた。ことごとくワクチン接種証明だった。ギリシャに入国する前にも、空港で何回かこの証明書を出していた。紙だからすぐ傷む。折り目のところはすでに穴が開いてしまっていた。その後、スーパーでもワクチン接種証明書を出さなければいけなかった。

ギリシャ人気質が伝わってくる。ギリシャ人に限らず、ヨーロッパの人々は、政府の方針にすぐに反発し、デモで抗議する。政府もそういう性格を知っているから、新型コロナ対策でも中国のように強権をかざすことはしない。一見、緩そうな水際対策をとる。そして対策を国民に委ねるのだ。それがワクチン接種証明書だった。ギリシャ人は頑固だから、入店する客へのチェックに手を抜かない。

そういうことだった。それは国家と個人という問題に行きつくのかもしれない。コロナ禍でその発想の違いが浮き立ってきた。目に見えない小さなウイルスの感染をどう防ぐか。アジアは国家というものに依存していった。入国制限を厳しくするという政策に頼っていった。しかしヨーロッパの人々は、上から押さえつけられることを嫌う。それがたとえ、新型コロナウイルスであっても彼らの国家観は変わらない。しかし同じ人間だから、やはりウイルス感染は怖い。だから一軒一軒の店が、厳格にワクチン接種証明書をチェックする。その違いだった。

日が落ち、僕は白壁がつづく路地を歩いて港へ出た。港に沿ってレストランが連なっている。訪ねた時期は冬のオフシーズンで、客は多くなかったが、ほとんどの店が開いていた。その一軒に入ってみた。すると店員がやってきて、ワクチン接種証明ということになる。僕も慣れてきていたから、まず紙のワクチン接種証明を出す。しかしそこにはQRコードがない。スマホで読みとろうと構えていた店員は、「QRコードをお願いしたいんですが」といってくる。僕は Passenger Locator Form を出してみた。これを眺めてOKになることが多いのだが、店員はそこにあるQRコードを読みとろうとした。その理由はわからなかったが、なんど当てても、店員のスマホは反応しなかった。すると店員はこういった。

「申し訳ありません。店に入ることはできません」

僕は追い出されてしまった。日本ならどうするだろうと思った。政府が空港で厳しい水際対策をしているということもあるだろうが、せっかく店まで入りかけている客のQRコードが読みとれないということで追い返すだろうか。仮に入国制限が甘かったとしても、日本の店は断らない気がする。そもそも日本の店は、入口でワクチン接種証明のチェックなどしない。僕にしても、区から送られてきた証明書はいつも自宅に置いていた。東京にいると使うシーンがないのだ。もっぱら海外渡航用の書類といった感じだった。

しかしパロス島のレストランはしっかりと断る。すぐ近くの一軒にも入ってみた。結果は同じだった。

さて、どうしようか……。ぼんやりと港を眺めながら、スーパーでサンドイッチとビールでも買ってすませるしかないかもしれない、などと考えてみる。

もう一軒、トライしてみようか。気をとり直し、やはり港に面した店に入ってみた。老夫婦が店の奥にポツンと座っていた。客は二、三人しかいない。観光客というより、近くに住むおじさんたちといった雰囲気の客だった。店の入口で、手にしたワクチン接種証明書とPassenger Locator Formを振ってみた。主人がやってきて、こういった。

「うちは大丈夫」

この店に三日通うことになった。

シーズンになれば観光客もやってくるのかもしれないが、静かな店だった。壁に掲げられた大型のテレビでは、ヨーロッパのサッカーが映っていたが音は消されていた。夏になれば扉は開け放たれ、エーゲ海の風が店内まで流れる構造になっていた。しかし冬は冷たい風が吹き抜ける。この店は港に面した側を透明のビニールシートで覆っていた。その端がはずれているのか、風を受けてぱたぱたと鳴っていた。その音が店内でわかるほど静かだった。

久しぶりのギリシャの食事。頼むものは決まっていた。ギリシャサラダ、そしてワインとパン。僕の定番だった。ギリシャサラダはピーマン、トマト、タマネギといった野菜の上に、厚い四角形の羊のチーズを載せ、そこにオリーブオイルをかけたものだ。簡単な料理だが、僕にとってのギリシャの味だった。一瞬、ザジキにしようか、とも思った。ザジキというのはヨーグルトにキュウリを入れたディップである。しかしまずギリシャサラダだった。

出された白ワインからは松ヤニの風味がほのかに漂う。さすがに昔のような肉厚のコップのようなグラスではなく、普通のワイングラスだったが。少し癖のあるワインがぎしぎしと体に入ってくる。しばらくするとほんわかと幸せな気分が押し寄せてくる。

老夫婦は僕を放っておいてくれた。僕にはこの店で十分だった。ときおり港から汽笛が聞こえてくる。ビニールシートを開け、前の道を渡って岸壁まで出ると、大型フェリーが着岸しようとしていた。アテネのピレウス港からのフェリーのようだった。

帰り道も白壁の道を歩いた。ほのかなワインの酔いのなかで坂道を歩く。道は迷路のようで、どこを歩いているのかわからなくなる。しかし坂道をくだれば必ず港に出るから不安はない。道に迷うことが楽しかった。

夜は毎日、この店だった。粘り強く探せば食事ができる店はみつかったと思うが、老夫婦が切り盛りする店で僕は満足だった。二日目、奥さんのほうから話しかけてきた。やはりギリシャ人だった。はじめての客にいきなり笑顔を振りまくアメリカ人とは違う。三日目、奥さんから、もしよかったらトリップアドバイザーに感想を投稿してほしいといわれた。商売っ気などなにもないような店に映っていたから意外な言葉だった。港に面した一等地に店を構えているわけだから、それなりに家賃も高いのかもしれない。しかし店は地元客ばかりだった。僕はこの店が気に入っていた。ギリシャサラダのレベルが高いわけではない。ワインもパンも普通だ。しかし僕にとってのギリシャがあった。

明日はアテネに戻る。道に迷いながらホテルまで戻った。ただ、ただ歩きながら、パロス島で、ワクチン接種証明で戸惑った初日以降、新型コロナウイルスのことを忘れていることに気づいた。

明日小型のプロペラ機でアテネに向かう。

アテネでは、アンジェリーリの店（第4章）があったニキス通りを歩いてみようか。

【著者】
下川裕治（しもかわ ゆうじ）
1954年長野県松本市生まれ。慶應義塾大学経済学部卒業。新聞社勤務を経てフリーに。『12万円で世界を歩く』（朝日新聞社）でデビュー。以降、おもにアジア、沖縄をフィールドに、バックパッカースタイルでの旅を書き続けている。『日本を降りる若者たち』（講談社現代新書）、『シニアひとり旅 インド、ネパールからシルクロードへ』『「おくのほそ道」をたどる旅――路線バスと徒歩で行く1612キロ』（ともに平凡社新書）、『シニアになって、ひとり旅』（朝日文庫）など著書多数。

平 凡 社 新 書 1 0 6 0

シニアひとり旅
ロシアから東欧・南欧へ

発行日――2024年6月14日　初版第1刷

著者――下川裕治
発行者――下中順平
発行所――株式会社平凡社
〒101-0051 東京都千代田区神田神保町3-29
電話 （03）3230-6573［営業］
ホームページ https://www.heibonsha.co.jp/
印刷・製本―図書印刷株式会社
装幀――菊地信義

ISBN978-4-582-86060-3